Mit dem Hund in den Urlaub

für
Mara und Ihre
Familie alles Gute +
hoffentlich bald den
passenden Hund für
schöne gemeinsame Reisen
Herzlich
Claudia
[illegible]

Gießen, 28. Aug. 2011

Claudia Ludwig

Mit dem Hund in den Urlaub

FALKEN

Inhaltsverzeichnis

Wichtiges auf einen Blick

Vorwort

Im Urlaub mit Herrchen oder Frauchen unterwegs zu sein ist für den Hund in der Regel das größte Vergnügen. Wer sein Tier liebt, der möchte es natürlich auch nicht zu Hause lassen, denn zum einen hat man im Urlaub besonders viel Zeit, um sich mit dem Vierbeiner zu beschäftigen, und zum anderen ist der Hund schließlich kein Heimtrainer, den man in den Ferien lieber nicht ständig vor Augen haben will.

Daß das Reisen mit dem Hund unproblematisch ist, wenn die Fahrt ausreichend vorbereitet wird, zeigt Frau Dr. Claudia Ludwig anschaulich in diesem Buch.

Leider denken viele Hundebesitzer zu spät daran, für die Mitnahme des Tieres Vorbereitungen zu treffen. Impfungen werden nicht aufgefrischt, man erkundigt sich nicht rechtzeitig, ob der Hund in die Ferienpension überhaupt mitkommen darf, und schon muß er daheim bleiben.

Als „letzte Rettung“ werden in derartigen Situationen oft die Tierheime angelaufen. Um diese zu entlasten und als Service für Tierbesitzer, die nicht wissen, wer sich während ihres Urlaubs um ihren Schützling kümmern soll, organisieren der Deutsche Tierschutzbund und die ihm angeschlossenen örtlichen Tierschutzvereine seit Jahren die Aktion „Nimmst Du mein Tier, nehm’ ich Dein Tier“. Die Tierschutzvereine vermitteln Kontakte zwischen Tierbesitzern – auch dann, wenn ein „Tiersitter“ für die Katze, für das Meerschweinchen oder für die Wellensittiche gefunden werden soll. So konnte schon vielen Tieren geholfen werden.

Für den Hund ist es jedoch am schönsten, mitzukommen, wenn „seine Leute“ die Koffer packen. Wir freuen uns daher, daß den Hundefreunden mit diesem Buch ein umfassender Ratgeber für das Reisen mit dem Hund an die Hand gegeben wird.

Wolfgang Apel
Präsident des Deutschen
Tierschutzbundes e. V.

Einführung

Immer mehr Menschen fahren immer häufiger in Urlaub. Und immer mehr Menschen schaffen sich immer mehr Haustiere an – Tourismus und Heimtiermarkt boomen.
Leider werden aber auch Jahr für Jahr gerade während der Reisezeit allein in Deutschland nach Schätzungen von Tierschützern weit über hunderttausend Hunde ausgesetzt. Und das, obwohl es inzwischen immer mehr und immer bessere Betreuungsmöglichkeiten für einen Vierbeiner gibt, der zu Hause bleiben muß, und obwohl auch ein Urlaub mit Hund allen Beteiligten viel Spaß machen kann. Keines unserer Haustiere ist schließlich so mobil – und vor allem so gerne mobil – wie der Hund. Er muß normalerweise nicht in einem Käfig oder Transportkorb herumgeschleppt oder – wie ein Pferd – in einen Anhänger verfrachtet werden. Er läuft einfach mit, steigt alleine ins Auto oder in den Zug ein, und auf unwegsamem Gelände kommt er mit seinem „Vierpfoten-Antrieb" sogar noch besser zurecht als wir Menschen. Unter Umständen kann er sich unterwegs auch noch nützlich machen, z. B. als wachsamer Aufpasser und „Kinderkumpel".
Erfreulicherweise denken zunehmend mehr Hundehalter genauso, und es wird immer üblicher, einen Hund mit auf die Reise zu nehmen.
Als ich 1980 zum ersten Mal meinen kaum übersehbaren Schäferhund mit ans Mittelmeer nahm, wurde ich unterwegs von mehreren erstaunten Landsleuten gefragt, wie ich denn den Hund „hierher gekriegt" habe. Damals war für viele Tierfreunde und Hundehalter ein reiselustiger deutscher Hund an der türkischen Riviera fast eine kleine Sensation. Die Äußerung einer älteren Dame, die mit einer Reisegruppe im Bus unterwegs war, war typisch: „Oh, wenn ich gewußt hätte, daß das geht … Jetzt ist mein Mann extra wegen unserem Dackel zu Hause geblieben …"
Doch inzwischen hat es sich herumgesprochen, daß Landesgrenzen für vierbeinige Begleiter keine unüberwindbaren Hindernisse sind. Und so trifft man im Urlaub immer mehr Hundetouristen.

Nach einer Studie der *Österreich Werbung* möchten 87% aller Hundebesitzer auch im Urlaub mit ihrem Hund zusammensein. Folgerichtig setzt gerade der österreichische Fremdenverkehr verstärkt auf hundefreundliche Betriebe. Andere Länder sehen sich in Zugzwang.

Diese Entwicklung gefällt zwar den meisten Hunden und ihren Menschen, bei Hoteliers oder Restaurantbesitzern in den südlichen Urlaubsländern ist allerdings weniger Begeisterung zu spüren. Denn je nach Landessitte und Mentalität sind bei ihnen die vierbeinigen Gäste keineswegs immer willkommen.

Wie und wo Sie gemeinsam mit ihrem Hund einen schönen Urlaub verbringen können, was Sie dabei beachten und nach welchen Kriterien Sie Ihr gemeinsames Urlaubsziel aussuchen sollten, das schildert Ihnen dieser Ratgeber. Denn schließlich soll so eine Reise ja für alle Beteiligten ein erholsames Vergnügen sein oder eine vergnügliche Erholung, je nachdem, wie die zwei- und vierbeinigen Interessen gelagert sind.

Warum einen Hund mitnehmen?

Es gibt viele Gründe, die dafür sprechen, den vierbeinigen Hausgenossen mit auf die Reise zu nehmen. Oft ist es ganz einfach im Interesse des Tieres, z. B. wenn ein Hund unter ständiger Trennungsangst leidet, weil er vielleicht ausgesetzt wurde oder auf anderem Wege schon einmal seine Bezugspersonen verloren hat. Ein solcher Hund tritt möglicherweise während der Abwesenheit seiner Menschen vor lauter Trennungsschmerz in einen Hungerstreik oder reagiert mit anderen Verhaltensstörungen, die bis zur Selbstverstümmelung führen können. So reißt er sich vielleicht Fellbüschel aus oder schlägt sich die Rute auf. Sind Sie Besitzer eines solchen Tieres, bleibt Ihnen kaum etwas anderes übrig, als es mitzunehmen. Es kann natürlich aber auch einfach sein, daß Sie keine **gute** Unterbringungsmöglichkeit für Ihren Vierbeiner haben. Mit der Befürchtung, daß der Hund während des Urlaubes schrecklich leiden, hungern oder sogar krank werden könnte, läßt sich nicht gerade beruhigt und entspannt auf die Reise gehen. Kurzum, wenn Sie schon in Gedanken ständig bei Ihrem Hund sind, warum ihn dann nicht besser einfach mitnehmen und die „schönsten Wochen des Jahres“ gemeinsam verbringen?

Vor allem berufstätige Tierhalter sollten dies schon deshalb anstreben, weil sie wenigstens während der Urlaubswochen einmal so richtig viel Zeit für ihren Hund haben und jetzt endlich gemeinsam schwimmen, am Strand buddeln oder ausgiebige Spaziergänge unternehmen können. Es gibt nämlich sehr viele Urlaubsbeschäftigungen, an denen auch Hunde großen Spaß haben.

Übrigens bietet ein Hund als Reisekumpel gerade Frauen etliche Vorteile. So kann Frauchen sogar in Shorts unbehelligt die italienische Strandpromenade entlanglaufen, wenn sich ein – mehr oder weniger – imposanter Vierbeiner an ihrer Seite befindet.

Schließlich kann ein Hund das Wohnmobil bewachen. Die Brieftasche unterm Badetuch dürfte ebenfalls vor Diebstahl relativ sicher sein, wenn ein Vierbeiner darauf thront.

Welche Hunde sind geeignet?

Natürlich hängt es nicht nur vom guten Willen und der Bereitschaft des Menschen ab, ob eine Urlaubsreise mit Hund funktioniert oder nicht, sondern auch von der Konstitution und dem Verhalten Ihres Vierbeiners. Die untenstehende Checkliste soll Ihnen dabei helfen, herauszufinden, wie reisetauglich Ihr Hund ist.
Je mehr Fragen Sie mit „Ja" beantworten können, um so besser stehen die Voraussetzungen für einen gemeinsamen Urlaub. Aber auch wenn Ihr Hund ein eher ängstlicher Typ ist oder gesundheitliche Probleme hat, müssen Sie nicht unbedingt ohne ihn verreisen.

Körperliche Voraussetzungen

Wenn Ihr Urlaubsziel im sonnigen Süden liegt, dann sollte auch Ihr Vierbeiner ein Sonnenanbeter sein. Etlichen Hunden macht jedoch extreme Hitze zu schaffen. Vor allem schwarze Tiere können darunter leiden und

Checkliste ***Reisetauglichkeit***

- *Liebt Ihr Hund Tapetenwechsel, oder ist er Veränderungen zumindest gewöhnt?*
- *Verträgt er eine Futterumstellung?*
- *Fährt er gerne im Auto mit?*
- *Kann er auch einmal eine Weile alleine bleiben?*
- *Ist er freundlich und verträglich?*
- *Ist er gesund und belastbar?*
- *Verträgt er einen Klimawechsel?*

A
DEFG
BHIMN

Hunde mit dichtem oder langhaarigem Fell, wie z.B. Chow-Chows oder Schlittenhunde. Bei älteren, herzkranken und kreislaufschwachen Tieren drohen Kollaps oder Hitzschlag. Da geht es den Tieren nicht anders als den Menschen. Ersparen Sie einem gefährdeten Hund also eine (Sommer)Reise in den Süden, fahren Sie in einer kühleren Jahreszeit ans Mittelmeer, oder verbringen Sie die Ferien lieber in heimischen oder nördlicheren Gefilden.

Ein Urlaub mit Schnee und Kälte kann Hunden mit Hüftgelenksdysplasie, Arthrose oder anderen Gelenkkrankheiten Probleme bereiten, denn oft sind bei winterlichen Temperaturen die Beschwerden stärker als im Sommer. Solche Vierbeiner sollten daher besser zu Hause bleiben und sich bei netten Freunden vor den warmen Kamin kuscheln können.

Unser Tip

Geben Sie Ihrem Hund ab und an einmal eine andere Futtersorte, oder anstelle von Dosenfutter Trockenfutter, dann fällt ihm eine Umstellung im Urlaub leichter.

Dagegen müssen Futterprobleme nicht unbedingt ein Hindernis sein: Auch wenn Ihr Hund neue Futtersorten schlecht verträgt oder vielleicht sogar ein bestimmtes Diätfutter benötigt, kann er mit in den Urlaub. Nur, sein gewohntes Futter muß dann eben in der notwendigen Menge mit – was natürlich nicht gerade für eine Flugreise spricht …

Charakterliche Voraussetzungen

Ist Ihr Hund ein unerzogener Rabauke, der im Restaurant massiv bettelt, im Hotelzimmer laut und anhaltend kläfft, sobald er ein Geräusch hört, der schnappt, weil jemand zu dicht an ihm vorbeigeht, oder der auf jeden anderen Hund losgeht? Wenn ja, dann spricht einiges dafür, ihn bestenfalls auf Wandertouren in die Einsamkeit der Bergwelt mitzunehmen, nicht

aber in einen belebten Urlaubsort und auf eine Reise mit Hotelaufenthalten und Restaurantbesuchen. Ein extrem unerzogener Hund ist für seinen Halter ein ständiger Streßfaktor und für seine Umgebung eine Zumutung!
Aber auch für sensible Tiere kann eine Urlaubsreise eine Zumutung sein. Unsichere, ängstliche und schreckhafte Naturen sind fernab von Trubel und Hektik besser aufgehoben. Sie eignen sich nur für sehr wenige Urlaubsziele fern vom Massentourismus (Stichwort: einsame Bergwelt!), und selbst dann stellt sich noch die Frage, ob sie die An- und Abreise verkraften.
Das Problem des Transports trifft selbstverständlich genauso für die wenigen Hunde zu, die nicht gerne „autofahren". Zwar lassen sich Aufregung und Übelkeit auch bei Hunden kurzfristig durch Beruhigungs- und Reisetabletten beheben, aber man sollte sie natürlich nicht während tagelangen Fahrten ständig mit Medikamenten vollstopfen.
Erfreulicherweise sind Hunde, die das Autofahren nicht vertragen, die absolute Ausnahme. Ich würde schätzen, daß ungefähr 98% aller Hunde geradezu leidenschaftliche Beifahrer sind. Und ich gehe davon aus, daß zirka dreiviertel aller Hunde hier bei uns

durchaus so unternehmungs- und reiselustig sind, daß sie einen Umgebungswechsel gut verkraften.
Dagegen werden Hunde, die den größten Teil ihres Lebens ohne direkten menschlichen Kontakt und Familienanschluß im Zwinger oder an der Kette verbringen müssen, wahrscheinlich Probleme haben, sich auf einer Urlaubsreise zurechtzufinden. Aber von deren Haltern nehme ich sowieso nicht an, daß sie auf die Idee kämen, ihre Freizeit mit dem Hund zu verbringen und auch einmal etwas Nettes mit ihm zu unternehmen.

Unser Tip

Wenn Sie bereits im Welpenalter Ihres Hundes wissen, daß Sie mit ihm viel unterwegs sein werden und ihn nahezu überall mit hinnehmen möchten, dann sollten Sie mit ihm eine Welpenschule besuchen.

Eine Welpenschule bietet optimale Möglichkeiten, die Wesensentwicklung des jungen Hundes positiv zu beeinflussen. Hier werden die kleinen Vierbeiner im idealen Alter an die verschiedensten Umweltgeräusche gewöhnt, so daß sie danach entsprechend abgebrüht einen Großstadtbummel samt Zug- oder Straßenbahnfahrt mitmachen werden. Auch das Betreten eines ungewohnten Untergrunds wird hier geübt, damit Sie später möglichst wenig Überraschungen erleben, wenn Ihr Hund plötzlich auf blankpoliertem Kaufhausboden laufen oder über einen wackeligen Bootssteg balancieren muß.

Meine Erfahrungen

Wie wichtig es ist, den Hund frühzeitig mit möglichst vielen Umweltreizen vertraut zu machen, möchte ich nachfolgend mit meinen eigenen Hundeerfahrungen verdeutlichen: Meinen ersten Hund schleppte ich von Welpenbeinen an nahezu überall hin mit. Er war mit auf Festen und an der Uni, am Baggersee und beim Schlittenfahren. Obwohl ziemlich groß und wild und leider auch nicht so ganz perfekt erzogen, erwies er sich als phantastischer Reisekumpel, der in Burgtürmen engste Wendeltreppen hochlief und sogar wackelige Hängebrücken überquerte. Sämtliche ursprünglich für den Menschen entwickelte Fortbewegungsmittel nahm er gerne auch für sich in Anspruch. Er „fuhr" während seines langen Hundelebens nicht nur Auto, Omnibus, Zug, S- oder U-Bahn, sondern Zahnrad- und Seilbahn (aufs Kleine Matterhorn), Fähre, Dampfer, Tret-, Ruder- und Schlauchboot, Luftmatratze und Fiaker (in Pompeji). Hauptsache, er war bei uns. Dafür versuchte er sogar – nicht ganz ohne Erfolg – zu surfen, und deshalb ärgerte er sich, daß er nicht mit auf dem Schlitten Platz hatte, sondern neben ihm herlaufen sollte. Er quetschte sich zufrieden unter unsere Wohnmobilbank und den kleinsten Restauranttisch, besichtigte – wenn es gestattet war – Höhlen und Ausgrabungsfelder genauso routiniert wie Weinfeste, mediterrane Märkte und europäische Großstädte. Auf unseren zahlreichen Sommerreisen erfrischte er sich dreist in allen Brunnen zwischen Salzburg und Palermo und ist wegen dieser Leidenschaft bestimmt auf Hunderten von japanischen Urlaubsfotos wiederzufinden.

Erst als er dreizehn Jahre alt und ein wenig gebrechlich war, trauten wir uns nicht mehr, ihn auf weite Reisen mitzunehmen, zumal in vielen süd-

lichen Ländern die veterinärmedizinische Betreuung nicht immer unseren Ansprüchen entspricht.
Mein zweiter Hund, eine scheue Hündin, hat während ihres ersten Lebensjahres wild in einem Hunderudel auf einem sizilianischen Parkplatz gelebt und außer Omnibussen oder PKWs von außen und Touristen kaum etwas kennengelernt. Sie kannte weder Leine noch ein Dach überm Kopf oder ein Auto von innen. In ihrem neuen, nämlich unserem, Zuhause hat sie sich bestens eingelebt, aber hier will sie nun auch bleiben – und verreist nicht gern. Sie haßt „Autofahren“ und würde auch niemals freiwillig in ein öffentliches Verkehrsmittel einsteigen oder ein Restaurant betreten. Also lassen wir sie schwersten Herzens zu Hause. Dabei würden sie ihre handliche Größe und ihr ruhiges sanftes Wesen geradezu zum Reisehund prädestinieren. Für uns ist es sehr ungewohnt, unsere Badematte nun für uns alleine zu haben und Kirchen nicht mehr nacheinander besichtigen zu müssen.

Urlaubsziele

Die Wahl des Urlaubsziels ist ein wichtiger Faktor für eine glückliche Reise mit Hund. Verträgt er das Klima dort, ist der Urlaubsort mit dem Auto erreichbar? Neben diesen Fragen ist es auch wichtig zu wissen, welchen Stellenwert das Lebewesen Hund in Ihrem anvisierten Reiseland hat. Daher habe ich nachfolgend für eine Reihe von Urlaubsländern eine grobe Einteilung in hundefreundliche und weniger hundefreundliche Länder vorgenommen. Selbstverständlich gibt es wie immer und überall Ausnahmen. Auch die Menschen in den Ländern, die als „weniger hundefreundlich" eingestuft werden, lassen sich natürlich nicht alle „über einen Kamm scheren". Es gibt hier ebenfalls Tierfreunde und Tierfeinde und das große Heer der Gleichgültigen!

Hundefreundliche Länder

Als hundefreundliche europäische Urlaubsländer würde ich neben Deutschland, Österreich und der Schweiz noch Frankreich, die Benelux-Staaten, Dänemark und Finnland ansehen. Die britischen Inseln – auch dort sind Hunde durchaus beliebt – habe ich nicht erwähnt, da es dort die schärfsten Einreisebestimmungen gibt (siehe S. 85). Aufgrund der langen Quarantänezeiten kommen Irland und Großbritannien für einen Urlaub mit Hund also kaum in Frage.

Deutschland

In öffentlichen Verkehrsmitteln sind Hunde selbstverständlich erlaubt und kosten – unabhängig von der Größe – meist die Hälfte des normalen Fahrpreises (siehe hierzu auch S. 48). Ebenso handhaben es die Seil- und Bergbahnen sowie die Fähren zu den Nordseeinseln und auf den süddeutschen Seen. Zum Beispiel auf den Bodensee-Schiffen sowie in den Bussen, Straßen-, S- und U-Bahnen von RMV (= Rhein-Main-Verkehrsverbund) und MVV (= Münchner Verkehrsverbund) kosten Hunde netterweise gar nichts. Leider sind an vielen deutschen Nord- und Ostseestränden (Festland und Inseln) Hunde nicht erlaubt. Statt dessen gibt es mancherorts je-

URLAUB

doch spezielle Hunde-Badestrände. Probleme können Sie mit Ihrem Vierbeiner auch an vielen Seen bekommen. Vor allem die abgetrennten Strandbäder werden wie Schwimmbäder eingestuft, so daß hier keine Hunde hinein dürfen. Oft kann man sich aber einfach direkt neben dem offiziellen Bad ein Plätzchen suchen. Auch an vielen Baggerseen sind Hunde nicht gerne gesehen. Menschen in vierbeiniger Begleitung sollten sich daher lieber ein wenig abseits niederlassen und die stark frequentierten Feiertage und Wochenenden meiden. Was Übernachtungsmöglichkeiten (siehe S. 54 ff.), Gaststätten, Geschäfte und andere öffentliche Einrichtungen angeht, so muß man derzeit leider immer noch zwischen Ost- und Westdeutschland unterscheiden. Während es in den alten Bundesländern nicht ungewöhnlich oder gar verboten ist, einen Hund mit in ein Gasthaus oder ein Hotel zu nehmen, sieht das in den neuen Bundesländern ganz anders aus. In der DDR waren Haustiere nahezu überall im öffentlichen Leben verboten. Konkret bedeutete dies, daß ein Hund nicht einmal ein Kaufhaus oder eine Buchhandlung betreten durfte, von Restaurants, Raststätten, Hotels oder Pensionen ganz zu schweigen. Und weil man dies so gewohnt ist, handhaben es viele Ladeninhaber, Gastwirte und Hoteliers immer noch wie „in alten Zeiten". Es ist in Ostdeutschland also nach wie vor nicht üblich, mit einem Hund unterwegs zu sein, weshalb man mitunter nur unter großen Schwierigkeiten einen Platz im Restaurant oder ein Zimmer bekommen kann.

Es wird wirklich Zeit, daß auch in den neuen Bundesländern erkannt wird, daß ein Hund am Leben seiner Menschen teilnimmt und nicht nur zu Hause sitzt. Schließlich will man hier ja jetzt ebenfalls Touristen anlocken ...

Schweiz

Im Land der Bernhardiner und Berner Sennenhunde sind auch andere Hunde durchaus willkommen und dürfen in der Regel ohne Probleme mit ins Restaurant. Im autofreien Zermatt fielen mir im Winterurlaub die vielen Touristenhunde auf, die mit ihren Menschen in Hotels und gemieteten Chalets wohnten (siehe auch S. 57). Wie in Deutschland, so dürfen Hunde auch bei den Eidgenossen in öffentlichen Verkehrsmitteln und auf Schiffen mitfahren und bezahlen in der Regel die Hälfte des normalen Fahrpreises. Dies gilt ebenso für die zahl-

reichen Seil- und Bergbahnen sowie Schiffahrtslinien. Auf den Bodensee-Schiffen reisen Hunde wie bereits erwähnt sogar umsonst. Bahnfahrten sind für kleine Hunde, die in einer Tasche oder Transportbox untergebracht sind, ebenfalls kostenlos.
Für die Hundefreundlichkeit der Schweizer spricht auch, daß es an vielen Autoraststätten sehr gepflegte Hundetoiletten gibt. Vielleicht sehen diese meist mit einem Baum oder Pfahl ausgestatteten Örtlichkeiten zwar nur deshalb so sauber aus, weil sie kaum ein Hund benutzt – aber es zählt schließlich allein die Tatsache, daß es solche Einrichtungen überhaupt gibt.

Österreich

In weiten Teilen Österreichs begegnet man Hunden ebenfalls sehr freundlich und tolerant. Doch Vorsicht: Die Jäger sind hier sehr schießfreudig, wenn sie einen unangeleinten Hund im Wald oder in den Bergen herumlaufen sehen! Außerdem gibt es – wie in Deutschland – mancherorts Leinenzwang.
In öffentlichen Verkehrsmitteln, darunter auch Berg- und Seilbahnen, sind Hunde grundsätzlich gestattet. Sie müssen jedoch – zumindest offiziell – in Bussen, Straßen- und U-Bahnen sowie auf den Donau-Dampfern einen Maulkorb tragen. Auf Schnellbooten sind keine Hunde erlaubt. Bei der Eisenbahn finden Sie die gleiche Regelung wie beim Nachbarn Schweiz: Kleine Vierbeiner im Transportkorb reisen kostenlos, größere brauchen einen Kinderfahrschein. Bodensee-Schiffe nehmen Hunde auch von Vorarlberg aus erfreulicherweise gratis mit.
Für eine Fahrt mit dem Sessellift nehmen Sie Ihr – hoffentlich nervenstarkes – Tier auf den Schoß und kraulen es am besten während der ganzen Zeit. Bei einer sehr langen Strecke und mit einem großen Hund würde ich jedoch lieber zu Fuß den Gipfel erklimmen!

Die Broschüre *Urlaub mit dem Hund in Österreich* (Bezugsadressen im Anhang) bietet eine große Anzahl von Adressen ausgesprochen hundefreundlicher Hotels (siehe hierzu auch S. 59). Aber generell dürfte es mit dem Vierbeiner in Österreich kaum Probleme geben, denn üblicherweise dürfen Hunde in Hotels und Restaurants.

Frankreich

In Frankreich ist es völlig normal, daß man seinen Hund, ja manchmal sogar mehrere, überall hin mitnimmt: an den Strand, zum Zelten, in Bar und Kneipe, sowie ins – mitunter sogar sehr vornehme – Restaurant. Auch die Unterkunftssuche mit Hund macht selten Probleme.

Deshalb sehe ich in Frankreich samt Korsika das einzige Mittelmeerland, in dem sowohl die einheimischen Hunde überwiegend gut behandelt werden als auch die vierbeinigen Touristen willkommen sind. Viele Franzosen sind nämlich ausgesprochene Hundefreunde. Entsprechend schnell kommt man mit ihnen ins Gespräch, wenn man einen eigenen Hund dabei hat. Ein süßer Welpe kann sogar einen kleinen Menschenauflauf provozieren.

Gerade in den kleineren Ortschaften laufen viele Hunde friedlich ohne Leine. Die berühmte Szene aus Jacques Tatis „Die Ferien des Monsieur Hulot“, in der der Filmheld auf dem Weg zum Meer anhalten muß, weil es sich ein Hund mitten auf der warmen Dorfstraße gemütlich gemacht hat, ist durchaus realistisch. Um so erstaunlicher bei all dieser Hundetoleranz ist es, daß – vor allem an der Atlantikküste – Hunde am Strand verboten sind. Ein echtes Handicap, auf das man von der Normandie über die Bretagne bis zum Baskenland immer wieder stößt, besonders an den Hauptstränden traditionsreicher Seebäder wie Deauville, Trouville oder Biarritz. Ähnliches gilt auch für so manchen „Schicki-Micki-Beach“ an der noblen Cote d'Azur! Reisende mit Hund müssen deshalb aber nicht auf gemeinsame Badefreuden verzichten. Erstens habe ich mitunter den Eindruck, daß sich kaum einer um die Verbotsschilder schert; aber darauf kann man sich natürlich nicht immer verlassen. Zweitens brauchen Sie nur ein wenig zu suchen und weiterzufahren, um etwas außerhalb oder in kleineren und weniger mondänen Ortschaften einen genauso schönen – und wahrscheinlich viel leereren – Strand zu finden, an dem niemand etwas gegen Hunde einzuwenden hat.

Hunde dürfen auf die Fähren nach Korsika und in alle anderen öffentlichen Verkehrsmittel. In den Zügen der SNCF bezahlen Sie für Ihren Hund den halben Fahrpreis.

Niederlande

Auch hier nehmen Hunde ganz selbstverständlich am Leben ihrer Menschen teil. Trotz hoher Bevölkerungsdichte haben die Niederländer noch Platz für jede Menge Haustiere. Selbst in kleinen Großstadtwohnungen oder auf Hausbooten ist es nicht ungewöhnlich, zwei Katzen und mindestens einen Hund zu halten. Oft genießen die Tiere viel Freiheit und dürfen – auch in den Städten – ohne Leine Gassi gehen.

Wichtig: Ein deutscher Touristenhund muß in den Niederlanden darauf gefaßt sein, permanent auf freilaufende Artgenossen zu treffen und sollte daher verträglich sein.

Im Zug dürfen kleine Hunde in Korb oder Box kostenlos, größere mit ermäßigtem Fahrpreis reisen. Auch in U- und Straßenbahnen sowie Omnibussen fahren Hunde selbstverständlich mit – allerdings zum vollen Fahrpreis.
Hotel- und Restaurantbesuche mit Hund dürften sich in den Niederlanden unproblematisch gestalten. An den Stränden herrscht leider aber auch in diesem ansonsten so hundefreundlichen Land manchmal Leinenzwang. Mitunter gibt es hundefreie Strandabschnitte, mitunter aber auch ein generelles Hundeverbot zur sommerlichen Hauptsaison. Da hilft nur Geduld und Weitersuchen …

Belgien

Es gelten im wesentlichen die gleichen Bestimmungen wie in den anderen Benelux-Staaten auch. In Belgien fahren kleine Hunde in Korb oder Tasche in allen öffentlichen Verkehrsmitteln umsonst mit. Große Hunde kosten allerdings den vollen Fahrpreis. Auch Fähren und andere Fahrgastschiffe, Restaurants und Hotels dürften keine Probleme machen. An den Stränden haben wir jedoch wieder den lästigen Risikofaktor: Darf er oder darf er nicht? Von der absoluten Freiheit ohne Leine über Leinenzwang für größere Tiere und Hundeverbot zur Haupt-Ferienzeit (z.B. Ostende) bis zum vereinzelten ganzjährigen generellen Hundeverbot gibt es diesbezüglich in Belgien besonders viele Varianten. Hier hilft nur, sich vor Ort zu informieren oder eventuelle Verbote probeweise zu ignorieren. Vielerorts kann es nämlich durchaus sein, daß der Strand zwar mit Hinweisschildern gepflastert ist, daß sich aber kaum jemand danach richtet und Zuwiderhandlungen auch nicht geahndet werden.

Skandinavien

Dänemark

Genau wie nach Holland fahren auch viele Hundehalter extra wegen ihrer Tiere nach Dänemark, weil es dort ebenfalls relativ unkompliziert ist, mit einem Vierbeiner unterwegs zu sein. Die Dänen sind in der Regel ausgesprochen hundefreundlich und Hunde nahezu überall erlaubt. Wer, was sehr viele Dänemarkreisende tun, seinen Urlaub dort in einem gemieteten Ferienhäuschen verbringt, kann seinen Vierbeiner sowieso völlig problemlos bei sich haben. Außerdem ist das Klima für Hunde bestens geeignet, denn es wird nur selten so richtig heiß. In Dänemark und den übrigen nordeuropäischen Ländern leidet selbst im Hochsommer ein schwarzer Hund mit dickem Fell nur selten unter Hitze. (Ob aber auch Frauchen und Herrchen vom dänischen Sommer begeistert sind, ist eine andere Frage ...)

Für einen Urlaub mit Hund finde ich Dänemark sogar noch geeigneter als die Niederlande, weil bei den Südskandinaviern Hunde an den Stränden nahezu überall erlaubt sind. Das liegt möglicherweise auch daran, daß im extrem dünn besiedelten Dänemark selbst zur Hauptreisezeit immer noch genug Platz für zwei- und vierbeinige Badegäste ist.

Die übrigen skandinavischen Länder

Finnland war neben Dänemark bis vor kurzem das einzige skandinavische Land, in das man überhaupt mit einem Hund einreisen konnte. Inzwischen ist dies zwar auch, was Norwegen und Schweden angeht, nicht mehr völlig unmöglich, jedoch immer noch äußerst kompliziert. Mitunter kann es sich jedoch lohnen, den ganzen behördlichen Aufwand auf sich zu nehmen, der nötig ist, um für den Hund eine Einreisegenehmigung nach Norwegen oder Schweden zu erhalten. Denn in kaum einem anderen Urlaubsland finden Mensch und Tier selbst zur Hauptreisezeit so viel Platz, unberührte Natur und endlose Wandermöglichkeiten – ideal für Camper und „Wohnmobilisten" und für Hunde!

Es ist sehr schade, daß gerade solch hundefreundliche Länder wie Norwegen und Schweden derart scharfe Einreisebestimmungen (siehe S. 86) haben.

Wichtig: Island kommt als einziges skandinavisches Land für einen Urlaub mit Hund überhaupt nicht in Frage, da dort Hunde generell verboten sind.

Weniger hundefreundliche Länder

Vor allem in Südeuropa und Nordafrika, also gerade in den klassischen Urlaubsländern rund ums Mittelmeer, gibt es leider ausgesprochen hundefeindliche Länder und Regionen. Aber auch damit kann der Hundebesitzer meist fertig werden, wenn er ein paar Dinge beachtet.

Der Status des Hundes

In den Mittelmeerländern, in Portugal und auf den Kanarischen Inseln steckt der Tierschutz noch allerhöchstens in den Kinderschuhen. Hunde werden dort grob gesagt in vier Kategorien unterteilt:

1) **Wachhunde:** große wachsame oder gar bissige Hunde, oft teure Rassetiere, die Haus und Grundstück bewachen sollen. Diese Hunde hört man anschlagen und sieht sie bestenfalls gelegentlich über die Mauer gucken. Aber sie verlassen in der Regel nicht die Grenzen des zu bewachenden Anwesens.

2) **Freilaufende Hunde, die jemandem gehören:** meist kleinere oder mittelgroße Hunde, oft Mischlinge, die zwar jemandem gehören, aber meist ohne menschliche Begleitung und ohne Halsband herumlaufen.

Wenn diese Hunde gut behandelt werden, können sie ein sehr glückliches Leben führen, denn sie haben viel Freiheit **und** ein Zuhause. Normalerweise haben diese Vierbeiner ein sehr gutes Sozialverhalten und sind Artgenossen gegenüber völlig harmlos, so daß Sie keine Angst haben müssen, wenn solch ein „Teilzeitstreuner" auf Ihren Hund zuläuft. Die Begegnung verläuft wahrscheinlich am friedlichsten, wenn **beide** Tiere abgeleint sind.

3) Freilaufende Hunde, die niemandem gehören: In allen südlichen Ländern außer Frankreich gibt es Tausende von herrenlosen Streunern und wildlebenden Hunden. Manche haben sich in regelrechten Rudeln zusammengeschlossen. Das entspricht nicht nur ihrer geselligen Natur, sondern erweist sich auch im tagtäglichen Überlebenskampf als sehr nützlich. Trotzdem sind diese Hunde sehr gefährdet und werden selten alt. Nicht nur, daß sie oft überfahren werden oder im Winter verhungern, sie werden auch – ganz offiziell – von den Behörden eingefangen und getötet. So glaubt man, „dieser Plage" Herr zu werden. Diese organisierten Tötungsaktionen finden am Mittelmeer oft unmittelbar nach der Saison statt, also im Herbst, wenn die Touristen weg sind und die Strandstreuner von niemandem mehr gefüttert werden.

Wichtig: Häufig werden die Tiere gar nicht erst eingefangen, sondern vor Ort erschossen, zum Beispiel in der Türkei(!), oder vergiftet. Passen Sie also auf, daß Ihr Hund nichts Verdächtiges frißt.

Streuner zeichnen sich fast immer durch ein vorbildliches Sozialverhalten aus, so daß Sie normalerweise keine Angst um Ihren eigenen Hund haben müssen. Ich habe meinen Rüden immer mit solchen Hunden spielen und toben lassen. So war er wenigstens beschäftigt und hinterher schön müde.

Empfehlenswert ist allerdings, daß Sie diese Hunde, vor allem wenn Ihr Vierbeiner dabei ist, immer im Auge behalten. Dies nicht etwa, weil ihm einer der Streuner gefährlich werden könnte, sondern damit keiner einem vielleicht gerade vorbeikommenden Hundefänger zum Opfer fällt. In Ma-

Unser Tip

Ziehen Sie Ihrem Hund ein sehr auffälliges deutlich sichtbares Halsband und zusätzlich dazu möglichst noch ein rotes Tuch oder ähnliches an, damit er bereits von weitem als Tier mit Besitzer erkannt werden kann.

laga beispielsweise werden alle unangeleinten Hunde von der Straße weggefangen, egal, ob sie jemandem gehören oder nicht.

4) **Touristenhunde:** Hunde, die zu Urlaubern gehören, werden in der Regel ganz anders behandelt als die einheimischen Vierbeiner. Man begegnet ihnen viel respektvoller. Ein Touristenhund ist ja auch keine „Plage", sondern sein Frauchen oder Herrchen bringt Geld.

Meine Erfahrungen

Im süditalienischen Paestum fragte mich einmal ein Polizist, welcher aus einem kleinen Rudel spielender Hunde meiner wäre. Nachdem ich ihm ahnungslos geantwortet hatte, griff er sich ein paar Steine und bewarf die anderen, um sie zu verscheuchen. Als ich ihn daraufhin beschimpfte, stellte sich heraus, daß er mir einen Gefallen tun wollte, weil er dachte, die anderen Hunde hätten uns belästigt. In der Türkei erlebte ich mehrfach, wie die sprichwörtliche herzliche türkische Gastfreundschaft sofort auf meinen Hund ausgeweitet wurde. Ein Gastwirt wollte dem deutlich Wohlgenährten sogar unbedingt etwas Warmes machen und fütterte ihn ständig mit Fleischbällchen, während draußen vor seinem Lokal die zum Skelett abgemagerten (herrenlosen) Hunde des Ortes hungrig nach Abfällen suchten. So extrem wird hier unterschieden!

Italien

Die Norditaliener lieben es, ausführlich über Hunderassen zu fachsimpeln. Falls Ihr Vierbeiner keiner Rasse eindeutig zuzuordnen ist, so stört das kaum. Es läßt sich dann ja hervorragend über die an einem Mischling beteiligten Rassen spekulieren. Es kann auch sein, daß man

Unser Tip

Nehmen Sie die Gastfreundschaft für Ihren Hund an, falls er das Angebotene verträgt. (Vorsicht allerdings bei zu viel Knochen und ein rigoroses „Nein!" bei Geflügelknochen!) So beleidigen Sie niemanden.

Ihnen dort erst erklärt, was Sie eigentlich für einen Hund haben. Bereiten Sie sich auf solche Begegnungen mit einem Minimum an Grundvokabular vor. Das kann Zeit sparen, aber auch helfen, nette Kontakte zu vertiefen. Und wieder einmal bewahrheitet sich: Mit Hunden kommt man halt überall leicht ins Gespräch!

Im übrigen herrscht auf der italienischen Halbinsel, was Tierliebe und die Toleranz gegenüber Hunden angeht, das klassische Nord-Süd-Gefälle: Je weiter Sie Richtung Stiefelspitze kommen, desto unfreundlicher begegnet man den Vierbeinern. Zum Beispiel wird es – vor allem in den stark frequentierten Reisezielen und Städten – in Richtung Süden immer schwieriger, mit Hund ein Hotelzimmer oder eine Privatunterkunft zu finden bzw. Einlaß in ein Restaurant zu bekommen. In Florenz müssen Sie schon eine Weile suchen, in Rom noch etwas länger, und spätestens ab Neapel haben Sie ein Problem.

Das italienische Fremdenverkehrsamt verfügt über Verzeichnisse hundefreundlicher Hotels. Sie können sich aber auch vor Ihrem Urlaub in einem Reisebüro nach einem passenden Hotel oder Campingplatz erkundigen. Falls Sie mobil sein möchten und sich erst vor Ort entscheiden wollen, dann müssen Sie – vor allem im Süden – einfach genügend Zeit für die Zimmersuche einkalkulieren.

Ob Sie mit Hund willkommen sind und bedient werden, hängt natürlich auch davon ab, inwieweit es sich Hoteliers, Geschäfts- und Wirtsleute leisten können, Kundschaft abzulehnen. Fahren Sie also nicht gerade in der Hauptsaison, falls Sie die Wahl haben. Sind viele Betten und Tische frei, wird man es sich gut überlegen, ob man Sie wegen Ihres Vierbeiners wegschickt oder nicht.

In Bussen, Bahnen, Zügen und auf Fähren sind Hunde zwar erlaubt, müssen aber unter Umständen in eine Box oder einen Maulkorb tragen. Letzteres gilt auch für die Fahrt mit Seil- und Bergbahnen. Daher sollten Sie grundsätzlich bei Urlaubsreisen in südliche Länder sicherheitshalber einen Maulkorb dabei haben, um für alle Vorschriften gewappnet zu sein. Anziehen würde ich ihn meinem Hund jedoch erst, wenn ich ausdrücklich darum gebeten würde.

Im Gegensatz zu den Hotels und Restaurants in Süditalien (Mezzogiorno) sind Hunde erstaunlicherweise in manchen Ausgrabungsstätten (z. B. Pompeji) durchaus erlaubt. Das kann eine große Erleichterung sein, denn wenn es sehr heiß ist, können Sie ja keinen Hund stundenlang im Auto warten lassen, sondern müßten – wie bei den Kirchen – immer alles nacheinander besichtigen.

Meine Erfahrungen

In Rom und Florenz wollten die Hoteliers erst meinen Hund kennenlernen, bevor sie uns ein Zimmer gaben. Als ob er geahnt hätte, was in diesen Momenten von seinem Benehmen abhing, zeigte er sich von seiner besten Seite. Selbst seine Größe war nicht mehr abschreckend, als er brav „Sitz" machte, weil ihm ein Keks offeriert wurde. Wieder einmal zeigte sich, wie wichtig Charakter, Verhalten und Erziehung eines Hundes auf Reisen sind!

Spanien

Was kann man im Land der Stierkämpfe und anderer grausamer Fiestas anderes erwarten, als daß das Tier, auch das Haustier, wenig zählt. Bei den öffentlichen Verkehrsmitteln fangen die Probleme bereits an. Zumindest in den großen Städten müssen Hunde in Bussen und Bahnen einen Maulkorb tragen. In den Zügen der RENFE müssen Hunde im Transportkorb im Gepäckwagen (!) mitfahren. Auch die lange Fahrt mit der Fähre zu den Balearischen oder gar Kanarischen Inseln dürfen die Tiere nicht mit ihren Menschen gemeinsam verbringen, sondern nur im Hundezwinger oder Auto unter Deck.
Was die Toleranz gegenüber Hunden angeht, so gibt es zwischen San Sebastian und Gibraltar ebenfalls ein Nord-Süd-Gefälle, allerdings weniger ausgeprägt wie in Italien. Vor allem in Großstädten und Tourismus-Hochburgen ist es schwer, mit Hund eine Gaststätte oder ein Hotel zu betreten. Spanische Campingplätze sind da schon toleranter.

Meine Erfahrungen

Die größten Probleme bei der Restaurantsuche mit Hund hatte ich persönlich in Granada und – etwas weniger ausgeprägt – in Barcelona. In beiden Städten wurden wir jedoch am Ende doch noch bestens verköstigt.

Allerdings mußten wir jeweils in ein Gartenrestaurant ausweichen, aber draußen sitzen ist ja bei warmen Temperaturen sowieso meistens schöner.

In Regionen mit einem hohen Anteil an Ferienwohnungen und -häusern, in denen viele Deutsche, Briten, Skandinavier oder Niederländer leben oder sich zumindest länger aufhalten, sind reisende und restaurantbesuchende Hunde in den letzten Jahren ein wenig üblicher geworden. Denn viele „Überwinterer" bringen natürlich ihre Tiere – auch per Flugzeug – mit. Das gilt vor allem für die Kanarischen und Balearischen Inseln sowie die Costa Blanca und Costa Brava. In diesen Gegenden gibt es auch genügend Tierärzte und -kliniken, mitunter sogar deutsch- oder englischsprachig. Etliche Tierschutzvereine, an die Sie sich wenden können, falls Sie Hilfe für Ihr eigenes oder ein fremdes verletztes oder herrenloses Tier brauchen, finden Sie dort ebenfalls.

Gefahren

In Spanien sind wie in vielen anderen südlichen Urlaubsregionen (und osteuropäischen Städten) staatliche Hundefänger unterwegs. Wie bereits erwähnt, fangen diese die nicht nur vermeintlich herrenlosen, sondern auch lediglich unangeleinten, Tiere ein. Im andalusischen Malaga bin ich mehrmals einem solchen Hundefängerauto hinterher gefahren und habe das brutale und unsinnige Vorgehen der Hundefänger für einen ARD-Bericht gefilmt.

Wichtig: Falls Sie beobachtet haben oder befürchten, daß Ihr Hund eingefangen worden ist oder falls er entlaufen ist, so erkundigen Sie sich so schnell wie möglich – bei der Polizei oder im Rathaus – nach der sogenannten Perrera. Dort landen die bedauernswerten Tiere, die den Fängern in die Schlinge gegangen sind.

Nach Ablauf einer Galgenfrist – sie kann zwischen wenigen Tagen und zwei Wochen dauern – werden die Tiere, wenn sich bis dahin kein Besitzer gemeldet hat, getötet. In Malaga geschieht dies beispielsweise einmal pro Woche mit Gas! In den meisten Gegenden, u.a. auf Mallorca, wird eingeschläfert.

Portugal

In Portugal sind die Behörden gegenüber den einheimischen herrenlosen Hunden zwar ebenfalls sehr rigoros, aber die Menschen sind im allgemeinen tierfreundlicher als in Spanien. Man kann einen Hund fast überall hin mitnehmen.
Wer kein Risiko eingehen möchte, kann sich bei der Fremdenverkehrszentrale nach hundefreundlichen Übernachtungsmöglichkeiten erkundigen. Auf Campingplätzen sind Hunde meistens gestattet. In Omnibussen und Zügen (evtl. wird Maulkorb gefordert!) dürfen sie mit einem Kinderfahrschein mitfahren. Unerwünscht sind sie dagegen in Straßen- und U-Bahnen sowie den Aufzügen in Lissabon.

Meine Erfahrungen

Wir haben oft erlebt, daß man uns rührenderweise Essensreste für den Hund brachte, und uns – was schon sinnvoller war – wirklich ständig zeigen wollte, wo das Tier bei der extremen Hitze Wasser trinken konnte. In Porto wurden wir deshalb immer wieder von netten Menschen an Wasserhähne und Trinkbrunnen gezogen, obwohl der Hund schon längst keinen Durst mehr hatte und am Wasser nicht einmal schnupperte.
Aber wie so oft war der vierbeinige Begleiter die Brücke zur Kontaktaufnahme!
Ich persönlich habe es nur einmal, nämlich im sehr vornehmen Restaurant direkt an dem berühmten Botanischen Garten der alten Universitätsstadt Coimbra, erlebt, daß wir wegen unseres Hundes nicht hineindurften. Ansonsten gab es nirgends größere Probleme.

Griechenland

An den Landstraßen sieht man sehr viele überfahrene Hunde, und sowohl in der Athener Innenstadt als auch an Stränden und Ausgrabungsstätten laufen zahlreiche streunende Hunde umher. Es finden dort regelmäßig Vergiftungsaktionen statt.

Wichtig: Unerwünschte Hunde werden mit Tritten und Steinen verjagt. Passen Sie also auf Ihren Hund auf!

Im Zug darf ein Hund mitreisen, wenn sich niemand an ihm stört. Größere Tiere müssen mitunter einen Maulkorb tragen oder im Gepäckwagen sitzen. Busse und Straßenbahnen befördern keine Hunde. Antike Stätten dürfen vierbeinige Touristen selten besuchen (Hagia Triada auf Kreta ist eine der wenigen Ausnahmen).

Aber, auch wenn man Sie vielleicht vielerorts erstaunt anschauen wird, können Sie als Individualreisende in der Regel ohne Probleme mit einem Hund einkehren und in Hotels, Pensionen oder auf Campingplätzen übernachten.
Pauschaltouristen, die von Deutschland aus eine Reise buchen, sollten sich bei Ihrem Reisebüro erkundigen, inwieweit es Hotels gibt, in die man einen Hund mitnehmen kann. Sicherlich hängt die Erlaubnis oft auch von der Größe des Hundes ab. Einen kleinen Schoßhund, der notfalls einmal in die Tasche gesteckt werden kann, wird man leider eher tolerieren als einen ausgewachsenen Schäferhund. Dies gilt natürlich ebenfalls für den Pauschaltourismus nach Spanien, Italien, Portugal, Nordafrika oder in die Türkei.

Türkei

Für die Türkei gilt im Prinzip dasselbe wie für Griechenland. Auch dort gibt es leider jede Menge herrenlose Hunde, von denen viele dem Autoverkehr zum Opfer fallen.

Wichtig: Im Unterschied zu allen anderen in diesem Buch aufgeführten Ländern, besteht die Türkei darauf, daß Impfpaß und amtstierärztliches Gesundheitszeugnis von einem türkischen Konsulat beglaubigt werden.

Die Tatsache, daß vor einer so weiten Reise auch noch ein Konsulatsbesuch notwendig ist, macht die Türkei als Urlaubsland für Hundefreunde nicht gerade attraktiver. Schließlich bedeutet dies, einen ganzen Vormittag auf dieser Behörde Schlange zu stehen! Und den betroffenen Hund dürfen Sie da natürlich nicht mit hinein nehmen. Dafür bekommen Sie allerdings einen Einblick in die türkische Bürokratie. Im Gegensatz zu den netten Menschen in der Türkei spricht beispielsweise auf dem Frankfurter Konsulat kaum ein Angestellter ein Wort deutsch. Das macht aber nichts, weil die freundlichen Leidensgenossen in der „anatolischen Warteschleife" gerne übersetzen und weiterhelfen. Und so kann es passieren, daß Sie zwar Zeit vergeuden, aber doch ein paar gute Tips und Adressen für die Reise aus erster Hand bekommen haben.
In der Türkei darf ein Hund in viele Hotels und auf so ziemlich alle Campingplätze. In Restaurants gibt es die wenigsten Probleme, wenn Sie dort im Freien essen können. Dagegen sind Hunde zwar in Zügen und auf Fährschiffen erlaubt, im wichtigsten türkischen öffentlichen Verkehrsmit-

tel, dem Kleinbus, jedoch absolut unerwüscht – vielleicht, weil diese Dolmuschs auch ohne Haustiere bereits immer überfüllt sind.

Ein Urlaubserlebnis mit Happy-End
Wie extrem die Türken zwischen Touristenhund und einheimischem Streuner unterscheiden, zeigt das Erlebnis einer Darmstädter Touristin, die kürzlich einen sehr lieben Hund aus der Gegend von Antalya retten wollte und mit nach Deutschland nahm. Der rappeldürre junge Rüde gehörte keinem Rudel an und wurde überall nur verjagt und mißhandelt. Die Urlauberin nahm sich seiner an, ließ ihn impfen und kaufte Halsband, Leine und Transportbox für den Flug. Die gleichen Menschen, die ihn zuvor immer verscheucht hatten, waren nun freundlich zu ihm und führten ihn sogar stolz an der Leine spazieren.

Übrigens hat eine hessische Tierheimleiterin auf der griechischen Insel Kreta exakt die gleiche Erfahrung gemacht. Beide geretteten Hunde leben heute glücklich in Frankfurt.

Nordafrikanische Länder
Reiseziele wie Ägypten, Tunesien und Marokko werden sicherlich nur in Ausnahmefällen mit dem eigenen PKW oder Wohnmobil besucht, so daß es eher unwahrscheinlich ist, daß in diese Länder ein Hund mitgenommen werden soll.
Darf Ihr Vierbeiner aber aufgrund seiner geringen Größe im Passagierraum mitfliegen und haben Sie ein Hotel gefunden, in dem Hunde erlaubt sind, so kommen Sie vielleicht doch auf die Idee, ihn mitzunehmen. Für diesen Fall sollten Sie wissen, daß der Hund nach islamischem Glauben und dem Koran als Aasfresser ein „unreines" Tier und vielerorts entsprechend unbeliebt ist.
Bei der Erdbebenkatastrophe im Iran ging diese religiös bedingte Ablehnung so weit, daß die iranische Regierung zunächst sogar die Einreise und den Einsatz von Rettungs- und Suchhunden verbot, die die internationalen Helfer mitbringen wollten.

Reiseziele im Osten

Durch den Fall des „Eisernen Vorhangs“ und die Öffnung der Grenzen sind auch osteuropäische Länder in den letzten Jahren immer beliebtere Reiseziele geworden. Während der „schönsten Wochen des Jahres“ Hunde mitzuführen, ist dort jedoch eher noch ungewöhnlicher als in den klassischen Urlaubsregionen rund ums Mittelmeer oder auf den Kanarischen Inseln. Unzählige herrenlose und verwilderte Streuner gibt es allerdings auch dort – allein in Bukarest sollen es nach Schätzungen von Tierschützern hunderttausend sein!
Diese Tiere werden als gefährliche unhygienische Plage betrachtet und entsprechend verfolgt.
Zumindest in Rußland und Rumänien kann man eindeutig von einem extremen Hundeelend sprechen. Klar, wo es den Menschen schlecht geht, geht es den Tieren noch schlechter. Die wirtschaftliche Not zwingt Menschen sogar dazu, ihre geliebten Haustiere abzugeben oder schlimmstenfalls einschläfern zu lassen, weil sie das Geld fürs tägliche Futter nicht mehr aufbringen können.
Angesichts solcher Zustände mit einem wohlgenährten Hund durch eines dieser Länder zu reisen, sollte man sich wirklich genau überlegen.

Unser Tip

Lassen Sie vielleicht besser den eigenen Hund zu Hause und spenden das, was Sie für ihn vor Ort an Futter gebraucht hätten, einem seriösen Tierschutzverein des Landes.

Ein Wort zum Hundehandel

Seit dem Wegfall der Grenzen boomt in Polen, Ungarn und Tschechien, vor allem in Grenznähe zum Westen, ein verwerflicher Hundehandel. Beliebte und in Mode gekommene Hunderassen werden hier zu Dumpingpreisen verkauft, Tiere aus dem Kofferraum heraus am Straßenrand verhökert oder auf den Märkten feilgeboten.
Bitte kaufen Sie hier auf keinen Fall, auch nicht aus Mitleid mit den meist kranken und in der Tat erbarmungswürdigen Welpen. Oft sind die angebotenen Hunde bereits so geschwächt, daß sie trotz aller Bemühungen nach wenigen Wochen sterben. Durch einen Kauf kurbeln Sie also nur das Geschäft an und machen sich mitschuldig an zukünftigem Tierelend.
Wenn Sie einen Hund retten wollen, so nehmen Sie einen – mit Sicherheit – herrenlosen von der Straße oder einen Tierheimschützling mit. Damit

unterstützen Sie die bewundernswerten Tierschützer, die in diesen Ländern einen nahezu aussichtslosen Kampf gegen die Not der Tiere führen und nicht die verantwortungslosen Geschäftemacher.

Sonstige kaum geeignete Reiseziele

Andere Länder – andere Sitten. Abgesehen davon, daß Hunde in vielen asiatischen Ländern als delikates Nahrungsmittel gelten, sollte auf überseeische Reiseziele generell verzichtet werden, weil einem vierbeinigen Mitreisenden der stundenlange Flug nicht zuzumuten ist. Diese Länder kommen daher für einen Urlaub mit dem Hund nicht in Frage.

Ein Wort zu Israel: Das Staatliche Israelische Verkehrsbüro konnte mir trotz mehrmaligen Nachfragens keine besonderen Urlaubsmöglichkeiten mit Hund nennen. Stattdessen schickte man mir die üblichen allgemeinen Prospekte, woraus ich schließe, daß das Reisen mit Vierbeiner im heiligen Land wohl doch eher ungewöhnlich sind.

Reisegepäck für den Hund

Am besten ist es, sich bereits etliche Wochen vor dem geplanten Urlaub zu überlegen und aufzuschreiben, was alles für den Hund ins Urlaubsgepäck muß. Die Checkliste auf Seite 39 soll Ihnen dabei eine kleine Hilfe sein. An Halsband und Leine (besser sicherheitshalber gleich zwei) denken sicher noch die meisten. Das Halsband sollte aber unbedingt auch mit einem Namensanhänger versehen sein, auf dem neben dem Namen Heimat- und Urlaubsadresse eingetragen sind.

Zum Entsorgen von unerwünschten Hinterlassenschaften Ihres Vierbeiners sollten Sie weiterhin einen Vorrat an Papiertüchern und Plastiktüten dabei haben. Für den Fall, daß Ihr Hund schnell mal schnappt oder zum Benutzen öffentlicher Verkehrsmittel im Urlaubsland einen Maulkorb braucht, sollten sie diesen ebenfalls im Gepäck haben. Natürlich gilt es auch, genügend Futter einzupacken, denn auf das Futtermittelangebot am Urlaubsort sollten Sie sich nicht verlassen.

In der Regel wirkt sich übrigens eine Luftveränderung eher positiv auf den Appetit Ihres Hundes aus. Außerdem bewegen sich die meisten Hunde im Urlaub deutlich mehr als zu Hause und verbrauchen entsprechend mehr Kalorien. Kalkulieren Sie das bei der Futtermenge ein.

Schließlich sollten Sie für Ihren Vierbeiner auch eine kleine Reiseapotheke zusammenstellen, um für Notfälle gerüstet zu sein. So ist es z. B. sehr sinnvoll, eine Pinzette greifbar zu haben, wenn der Hund in einen Dorn oder Glassplitter getreten ist.

Manche Tierärzte verkaufen bereits fertig gepackte Reisenecessaires für den Hund. Eine Reiseapotheke sollte allerdings individuell auf die Bedürfnisse Ihres vierbeinigen Begleiters zugeschnitten sein. Ihr Tierarzt wird sie Ihnen gerne zusammenstellen und dabei sowohl das Reiseziel als auch den Allgemeinzustand seines Patienten berücksichtigen. Am besten verbinden Sie den Gang zum Veterinär gleich mit einem allgemeinen Gesundheitscheck, wie er vor jeder größeren Reise, vor allem bei älteren oder anfälligen Tieren, sowieso zu empfehlen ist. Außerdem müssen ja auch noch rechtzeitig die nötigen Impfungen für eine Reise ins Ausland vorgenommen und in den Impfpaß eingetragen werden. Falls Ihr Hund Medikamente einnehmen muß, denken Sie bitte daran, genügend mitzunehmen. Wer weiß, ob Sie am Urlaubsort Nachschub bekommen.

Checkliste — Das gehört ins Hundeurlaubsgepäck

- *gültiger Impfpaß (u. evtl. Gesundheitszeugnis)*
- *Halsband (m. Adressanhänger) u. Leine*
- *Futtervorrat, Dosenöffner u. Besteck zum Zubereiten der Nahrung*
- *Trink- u. Futternäpfe*
- *Bürste, Kamm*
- *Papiertücher u. Plastiktüten*
- *Schlafunterlage (Decke o. Kissen), evtl. Bademattte*
- *Spielzeug u. Büffelhautknochen*
- *Präparat zur Flohbekämpfung u. Zeckenzange*
- *Pinzette*
- *Kohletabletten o.ä. (gegen Durchfall)*
- *Tabletten gegen Reisekrankheit*
- *evtl. Medikamente, die der Hund ständig nehmen muß (z.B. Herztabletten)*
- *evtl. Maulkorb*
- *je nach Reiseland: Hirschtalg (im Winterurlaub zur Behandlung rissiger Pfoten), Sonnenschutz*

Verkehrsmittel

Auto, Wohnmobil oder Caravan

Da die meisten Hunde ausgesprochen gerne im Auto mitfahren, sind PKW, Caravan (PKW und Wohnwagen) und Wohnmobil sehr geeignete Verkehrsmittel für die Fahrt zum Urlaubsort. Wohnmobil und Caravan haben zudem den Vorteil, daß Sie sich nicht mit dem leidigen Problem der Zimmersuche beschäftigen müssen.
Keiner kann Ihnen verbieten, daß Ihr Hund in Ihrem Auto oder Wohnwagen übernachtet. Für den Fall, daß Sie keinen Campingplatz finden, auf dem Hunde erlaubt sind, können Sie immer noch die von uns sehr häufig praktizierte Alternative wählen: Wir haben mit dem Wohnmobil fast immer „wild" gecampt, sind also einfach dort stehengeblieben, wo es uns gefallen hat (offiziell nur in wenigen Ländern, z. B. Schweden, gestattet). Und da ist ein wachsamer Hund natürlich ein großer Vorteil.
Außerdem können Sie im Auto oder Campingbus auch genügend Hundefutter mitnehmen. So sind Sie nicht auf das mitunter recht dürftige und relativ teure Angebot in manchen (abgelegenen) südeuropäischen Ortschaften angewiesen.
Ein Hund wird ein Wohnmobil schnell als Zuhause betrachten und noch mehr als den PKW zu schätzen wissen, denn es vereint die beiden wichtigsten Räume im Leben eines Vierbeiners: Küche und Schlafzimmer! Mit dem Wohnmobil oder einem PKW sind Sie unabhängig und können Ihren Hund notfalls auch einmal für kurze Zeit allein darin lassen, beispielsweise für die Zeit einer Besichtigung oder eines Restaurantbesuches.
Manchmal kann es einem – vielleicht älteren – Hund sogar lieber sein, im gemütlichen Auto zu warten und zu schlafen, als zwischen Stuhlbeinen unter lauten und hektischen Menschen sitzen zu müssen.
Wie dem auch sei, beachten Sie bitte unbedingt die folgenden Punkte, falls Ihr Hund einmal für eine Weile im Auto bleiben soll:

- Lassen Sie immer mehrere Fenster und gegebenenfalls das Schiebe-

dach einen Spalt offen, so daß das Tier genügend frische Luft bekommt.

- Bei sommerlichen Temperaturen sollten Sie den Hund nur in den kühleren Abendstunden im Auto lassen. Denn in warmen Regionen wird es im Auto tagsüber ganz schnell unerträglich heiß, selbst wenn das Fahrzeug im Schatten geparkt wurde.
- Falls Sie einen Vierbeiner haben, der „sein" Auto bewacht und alle Passanten ankläfft, suchen Sie zu seiner und aller Beruhigung einen Parkplatz an einer ruhigen Stelle.
- Stellen Sie ihm einen gefüllten Wassernapf in den Fußraum.
- Lassen Sie ihm ein Spielzeug oder einen Kauknochen als Beschäftigungsmöglichkeit, wenn er noch jung und verspielt ist.
- Falls er nicht gerne alleine bleibt, sollte er auch noch ein Kleidungsstück bekommen, das nach Ihnen riecht.
- Behalten Sie das Auto/Wohnmobil im Auge, wenn es auf keinem sicheren oder bewachten Parkplatz steht.
- Bleiben Sie nicht zu lange weg!

Je nach Größe und imposanter Erscheinung kann ein Hund im Auto natürlich auch potentielle Diebe abschrecken und Ihr Fahrzeug samt Hab und Gut bewachen. Wenn sich Diebe jedoch nicht vom Hundegebell beeindrucken lassen, besteht die Gefahr, daß nebst Auto auch Ihr Hund geklaut wird. Möglicherweise wird der Vierbeiner einfach irgendwo ausgesetzt. Der schlimmste aller Fälle wäre, daß die Täter dem Hund etwas zu Leide tun.

Unser Tip

Statten Sie Ihr Auto oder Wohnmobil – trotz wachsamstem Hund – sicherheitshalber mit einer Alarmanlage aus.

Ein schlimmes Urlaubserlebnis

Auf der Heimreise von der Adria hielt ein österreichisches Ehepaar mit seinem Wohnmobil noch einmal kurz an einem norditalienischen Einkaufszentrum, um sich mit Reiseproviant zu versorgen. Ein Alptraum erwartete die Hundebesitzer, als sie wieder aus dem Supermarkt kamen. Das Wohnmobil war geklaut und mit dem Auto auch der Hund, der darin wartete. Die örtliche Polizei behandelte den Fall wie alle anderen tagtäglichen Autodiebstähle und konnte die Aufregung der Hundehalter nicht verstehen. Denen war es ziemlich egal, was aus ihrem Auto, den Wertsachen und dem Gepäck wurde. Sie wollten nur ihren Hund zurück. Er war acht Jahre alt und brauchte täglich ein lebenswichtiges Medikament! Sie haben nie wieder etwas von ihrem Tier gehört… Dies ist natürlich ein dramatischer Einzelfall, aber man muß einfach damit rechnen, daß so etwas passieren kann und entsprechend sorgsam abwägen, wie man sich verhält.

Flugzeug

Der Hund im Passagierraum

Mit einem kleinen Hund, den man während des Fluges mit in den Fahrgastraum – und mit etwas Glück sogar auf den Schoß – nehmen kann, ist ein bis zu fünfstündiger Flug – je nach Temperament, Alter und Verträglichkeit des Tieres – sicher kein Problem. Allerdings müssen bestimmte Vorgaben erfüllt sein, damit ein Vierbeiner überhaupt im Fahrgastraum mitfliegen darf. Nachfolgend die Beförderungsbedingungen der deutschen Lufthansa und ihrer Tochter Condor. Diese Bedingungen gelten so oder ähnlich auch für die anderen Fluglinien:

- Pro Flug dürfen max. 6 Kleintiere im Passagierraum mitfliegen.
- Jedes Tier muß für den Flug vorab angemeldet werden.
- Als Kleintiere gelten nur Tiere bis zu einem Gewicht von 5 kg (inkl. Tragetasche). Schwerere Tiere müssen in einem Transportkäfig oder Kennel in den Frachtraum.
- Das Tier muß während des gesamten Fluges in seinem Behältnis am Boden stehen. (In der Praxis wird den vierbeinigen Passagieren aber oft gestattet, auf dem Schoß von Frauchen oder Herrchen zu sitzen.)
- Die Maße des Behältnisses (luftdurchlässig und wasserundurchlässig – im Tierhandel erhältlich) dürfen 55 x 40 x 20 cm nicht überschreiten.

Unser Tip

Buchen Sie, wenn es geht, lieber in der Nebensaison und auch dann so rechtzeitig, daß Ihr Kleinhund auf jeden Fall zusammen mit Ihnen im Passagierraum fliegen darf.

Der Hund im Gepäckraum

Risiken und Gefahren

Nach Angaben der Fluggesellschaften sind die Frachträume druckreguliert, schallisoliert, permanent beleuchtet und klimatisiert. Die Durchschnittstemperatur liegt angeblich zwischen

20 und 25 Grad. Die Sauerstoffversorgung soll der im Passagierraum entsprechen. Bei unbekannten Billig-Airlines würde ich mich auf diese Aussagen jedoch nicht verlassen.
Aber auch bei verantwortungsvollen Fluggesellschaften ist der Aufenthalt im Gepäckraum für den Hund alles andere als ideal. Zunächst ist da einmal die enorme psychische Belastung für das Tier, die man nur gesunden und sehr nervenstarken Tieren zumuten kann. Flugzeiten über fünf Stunden halte ich persönlich generell für unzumutbar.
Selbst meinem reiselustigen Schäferhund habe ich Flugreisen erspart. Ich hatte einfach zu große Angst, daß er psychisch einen Knacks bekommt, wenn er stundenlang in einer fremden Umgebung mit ungewohnten Geräuschen ohne Bezugsperson eingesperrt wird. Ich befürchtete, am Zielflughafen anstelle meines selbstbewußten Vierbeiners ein Häufchen Elend zurückzubekommen.
Außer der Tatsache, daß der Aufenthalt im Gepäckraum den Hund enorm streßt, kann es für ihn schlimmstenfalls sogar richtig gefährlich werden. Wer auf einem Flughafen schon einmal zusehen konnte, wie das Personal mit dem Gepäck umgeht, wer schon einmal einen demolierten Koffer vom Fließband heben durfte, der wird zu Recht Bedenken haben, ein lebendiges Tier auf diese Weise auf die Reise zu schicken.
Sie sollten daher gut abwägen: Wenn Sie regelmäßig mehrere Wochen oder gar Monate in einem Feriendomizil verbringen, wo es auch Ihr Hund ganz prima hat, dann wiegt das die unangenehme und nicht ganz ungefährliche Reise im Frachtraum schon eher auf. Dagegen lohnt es sich für einen einmaligen Kurzaufenthalt wohl kaum, einem Hund diesen Streß zuzumuten.

Ein schlimmes Urlaubserlebnis

Auf dem Flughafen von Heraklion hat sich vor wenigen Jahren eine Tiertragödie ereignet. Eine deutsche Touristin hatte ihren Hund mit in den Urlaub auf Kreta genommen. Seiner Größe wegen mußte er in Box und Gepäckraum. Auf dem Hinflug ging alles gut. Hund und Hundehalterin hatten das ja auch schön öfter gemacht.
Nach dem Rückflug bekam die Touristin auf dem Düsseldorfer Flughafen jedoch nur einen leeren und stark beschädigten Kennel zurück. Keine Spur von dem Tier. Die Tür des Transportbehälters war nach innen eingedrückt und aufgebrochen. Die

Art der Beschädigung schloß aus, daß sich der Hund selbst befreit haben konnte. Statt dessen mußte es sich um eine starke Gewalteinwirkung von außen gehandelt haben.
Nachdem ihr in Deutschland niemand helfen oder eine Erklärung geben konnte, flog die Hundebesitzerin sofort mit der nächsten Maschine wieder zurück nach Heraklion, um selbst nach ihrem Tier zu suchen. Aber auch dort bekam sie keine Unterstützung. Im Gegenteil: Man belächelte ihre Aufregung und Verzweiflung, handelte es sich doch schließlich „nur" um einen Hund, noch dazu einen „wertlosen" Mischling.
Der Hund wurde schließlich tot und mit einer großen klaffenden Wunde am Kopf unter einem der Gepäckfließbänder gefunden. Die Fluggesellschaft hat sich entschuldigt. Für das kretische Flughafenpersonal sei sie leider nicht verantwortlich und habe auch keinen Einfluß auf den Umgang mit Gepäck und lebendigen Tieren. Das war alles, was die Hundehalterin zu hören bekam. Ach ja, und den zweiten Hin- und Rückflug, den mußte sie nicht bezahlen.
Solch ein Vorkommnis soll nun selbstverständlich niemanden davon abhalten, seinen Hund mit in den Urlaub zu nehmen. Und wie die Geschichte mit dem gestohlenen Wohnmobil, so ist natürlich auch diese Erfahrung ein extremer Fall. Aber man kann einfach nicht automatisch davon ausgehen, daß lebende Tiere in einer Transportbox vom Flughafenpersonal anders behandelt werden als Kleiderkoffer.

Ein Frankfurter Ehepaar, das mit seinem Dobermannmischling regelmäßig nach Alicante fliegt, hat jedesmal Herzklopfen, wenn es den Hund eincheckt, nachdem es einmal beobachten mußte, wie in Spanien sämtliche schweren Gepäckstücke auf die Hundetransportbox oben drauf gepfeffert wurden.

Die Vorbereitungen

Wenn sich eine Flugreise mit Hund nicht umgehen läßt, und Ihr Vierbeiner die Reise im Gepäckraum antreten muß, benötigen Sie für ihn als erstes eine **Transportbox** (auch Kennel genannt). Sie besteht aus Kunststoff und hat entweder an einer oder an beiden Stirnseiten eine Metallgittertür.

Wichtig: Die Box muß gut belüftet – aber wasserundurchlässig – und natürlich ausbruchssicher sein!

Der Hund sollte in dem Kennel stehen, ausgestreckt liegen und sich umdrehen können. Der Behälter darf jedoch auch nicht zu groß bemessen sein, denn es ist aus Sicherheitsgründen nicht wünschenswert, daß der Vierbeiner während des Fluges viel Bewegungsfreiheit hat.
Reise-Kennels kann man außer im Zoofachhandel auch auf allen deutschen Flughäfen kaufen. Welche Abmessungen es gibt und was die verschiedenen Größen kosten, darüber informiert die nachfolgende Tabelle (erstellt nach Angaben der Condor-Pressestelle).

Auf deutschen Flughäfen erhältliche Transportboxen:

Größe	*Gewicht*	*Innenmaße*	*Preis*)*
I	4 kg	60 x 45 x 40 cm	95 DM
II	6 kg	80 x 55 x 55 cm	125 DM
III	13 kg	100 x 65 x 70 cm	205 DM
IV	22 kg	125 x 75 x 85 cm	295 DM

*) Diese Preise gelten für Passagiere mit Condor- oder Lufthansa-Ticket. Geringe Preisunterschiede zwischen den einzelnen deutschen Flughäfen sind möglich. (Stand 1997)

Damit Ihr Hund den Flug möglichst gut übersteht, hier noch ein paar Tips:

- Gewöhnen Sie Ihren Vierbeiner bereits ein paar Tage vor dem Abflug an die ungewohnte Umgebung im engen Kennel. Locken Sie ihn mit Leckerlis, Spielzeug, Kauknochen und einem Kleidungsstück, das nach Ihnen riecht, probeweise hinein. Optimal wäre es, wenn Sie es schaffen, daß er schon einmal darin schläft. Manche Hunde lieben Höhlen und nehmen vielleicht sogar die Transportbox als solche an.
- Legen Sie ihm statt einer Kuscheldecke lieber eine Kunststoff-Gittermatte in die wasserdichte Box, damit er nicht im Nassen liegt, falls er – vielleicht auch vor Aufregung – unterwegs Wasser lassen muß.
- Geben Sie ihm zur Beruhigung ein Kleidungsstück, das nach Ihnen riecht, in die Box. Aus dem gleichen Grund wie es sich nicht empfiehlt, dem Hund eine Kuscheldecke in die Box zu legen (s. vorheriger Punkt), sollten Sie auch keine größeren Kleidungsgegenstände auswählen. Ein Strumpf oder ein zusammengeknülltes T-Shirt sind besser geeignet.
- Jungen und vor allem aufgeregten Naturen sollten Sie unmittelbar vor dem Abflug eine Beruhigungs- oder Schlaftablette geben. Sprechen Sie die Dosierung mit Ihrem Tierarzt ab.
- Stecken Sie Ihren Hund am Flughafen so spät wie möglich in die Box, und geben Sie ihn erst dann am Schalter ab, wenn es unbedingt sein muß, damit er nicht länger als nötig ohne Sie eingesperrt ist.

Fürs Einschecken von Tieren in der Transportbox hat jeder Flughafen eine Sondergepäckannahmestelle. Und auch nach der Landung kommt die lebende Fracht (z. B. gemeinsam mit den Kinderwägen) nicht an den Kofferfließbändern, sondern an einem Sonderschalter wieder heraus.

Die Kosten

Mit den Kosten handhaben es die Airlines unterschiedlich. Ein Preisvergleich könnte sich lohnen. Es kann sogar vorkommen, daß die Tiere – egal ob in der Kabine oder im Frachtraum – gratis mitfliegen.
Bei Condor/Lufthansa gelten für alle Tiere die gleichen Preise wie fürs Übergepäck. Auf Kurzstrecken (z. B. Balearen, Italien, Griechenland, Türkei oder Tunesien) werden pro Kilogramm (zum Körpergewicht kommt noch die Transportbox!) 6 DM einfach bzw. 8 DM hin und zurück berechnet.

Jeweils 2 DM mehr pro Kilo sind es auf den Mittelstrecken (z.B. Zypern, Kanaren, Madeira, Ägypten oder Marokko).
Kulanterweise verrechnen Condor/ Lufthansa das Hundegewicht jedoch mit dem Freigepäck. Wenn Sie also Ihre 20 kg, die Sie pro Person mitführen dürfen, nicht ganz ausschöpfen, dann müssen Sie nur das bezahlen, was Ihr Hund über die Differenz hinaus noch wiegt.

Zug

Deutsche Bestimmungen

Auf die internationalen Bestimmungen für die Mitnahme von Hunden bin ich bereits bei der Differenzierung der Urlaubsländer kurz eingegangen. Hier möchte ich noch die Bestimmungen der Deutschen Bahn zusammenfassen, zumal diese sehr typisch für viele andere Länder sind. In Deutschland muß nichts für kleine Haustiere bezahlt werden, die eine Zugfahrt in einem Transportkorb auf dem Schoß ihres Menschen oder unter dessen Sitz verbringen. Aber wer will schon seinem Hund eine längere Zugfahrt – eingesperrt in einer engen Box zumuten? Darüber hinaus ist es auch bei kürzeren Strecken einfach lästig, immer solch einen sperrigen Behälter mitzuschleppen, schließlich läuft doch der Hund außerhalb des Zuges wieder auf seinen vier Pfoten.

Für einen Hund an der Leine muß eine Kinderfahrkarte gelöst werden. Er kostet also in der jeweiligen Klasse die Hälfte des normalen Fahrpreises. Erfreulicherweise können für den Hund aber auch noch weitere Vergünstigungen in Anspruch genommen werden. So fährt der Vierbeiner mit Bahncard beispielsweise für ein Viertel des normalen Fahrpreises. Auch Wochen-, Monats- und Jahreskarten können für einen Hund gelöst werden. Die Jahreskarte kann für regelmäßige Fahrten in ein Wochenendhaus durchaus interessant sein.
Die Mitreisenden im Zug müssen mit dem vierbeinigen Passagier einver-

standen sein, und es muß genügend Platz für ihn vorhanden sein. Im Speisewagen sind Tiere grundsätzlich nicht gestattet. Haben Sie vor, mit Ihrem Hund im Liege- oder Schlafwagen zu übernachten, so müssen Sie gleich das komplette Abteil buchen.

Unser Tip

Suchen Sie sich eine zeitlich günstig gelegene Zugverbindung aus, damit der Zug möglichst nicht überfüllt ist.

Sonderregeln im Ausland

In einigen Ländern, beispielsweise in **Frankreich** und **Italien,** kostet ein Hund auch in der ersten Klasse nur die Hälfte des Fahrpreises der zweiten Klasse. In **Belgien** wiederum gibt es für die Vierbeiner auf Inlandstrecken eine obere Preisgrenze von 50 bfr, damit es auf längeren Routen nicht zu teuer wird.
Mancherorts gilt eine Beschränkung, nach der jeder Halter nicht mehr als zwei (z. B. in **Portugal**), manchmal sogar nur einen Hund (z. B. in **Norwegen**), mit sich führen darf.

Gassi auf der Schiene

Im Prinzip könnte – zumindest in Mittel- und Westeuropa – eine Zugfahrt mit Hund völlig streßfrei verlaufen, wenn da das lästige Gassigehen nicht wäre. Auf längeren Strecken müssen Sie dazu an den Bahnhöfen, an denen der Zug ein bißchen Aufenthalt hat, schnell herausspringen und hoffen, daß Ihr Hund die Gunst der Minute zu schätzen – und vor allem zu nutzen – weiß. Das kann aber in einen ziemlichen Nervenkitzel ausarten. Wenn Sie nicht allein reisen, dann sollte sicherheitshalber eine weitere Person auf dem Trittbrett stehenbleiben, bis Sie wieder eingestiegen sind.
Wenn Ihnen das zu stressig ist oder die Bahnhof-Stops zu kurz sind, Ihr Hund die Weiterfahrt ohne Pinkelpause aber wahrscheinlich nicht übersteht, dann sollten Sie genug Zeit einkalkulieren, um die Fahrt zu unterbrechen und mit dem nächsten Zug weiterzufahren.

Schiff

Passagierschiffe und Ausflugsdampfer

Als Grace Kelly sich in den 50er Jahren von Amerika auf den Weg an die Cote d'Azur machte, um Monacos Fürstin zu werden, hatte sie mit ihrem Pudel, dem typischen Modehund für die damalige Zeit, einen Ozeandampfer als Verkehrsmittel gewählt. Nach mehreren Wochen auf hoher See kam der Hund gesund und guter Dinge in seiner neuen Heimat an. Offensichtlich hatte er keine Probleme mit der Seekrankheit. Das kann aber auch anders sein. Nach meinen Erfahrungen können Hunde genauso unter einer unruhigen stürmischen See leiden wie wir Menschen. Sie verweigern ihr Futter, ihnen wird übel und sie übergeben sich. Erst einmal auf dem Schiff, ist es in der Regel zu spät, den „unheilvollen" Ort mit dem Vierbeiner wieder zu verlassen. Am schlimmsten ist natürlich, wenn es nicht nur Ihren Hund, sondern auch Sie selbst erwischt hat.
Selbst bei ruhigem Wellengang können ängstliche Hunde absolut panisch reagieren und sind erst zu beruhigen, wenn sie wieder „festen Boden" unter den Pfoten spüren. Das kann Ihnen den ganzen schönen Schiffsausflug vermiesen!

Unser Tip

Falls Sie eine längere Schiffsreise mit Ihrem Hund planen, testen Sie dessen Seetüchtigkeit erst einmal auf kurzen Strecken in heimischen Gewässern.

Mehrtägige Ausflugsfahrten per Schiff oder gar Kreuzfahrten kommen mit Hund allerdings sowieso kaum in Frage: Auf fast allen Schiffen dürfen Hunde weder in die Kabinen noch in die Bordrestaurants oder -bistros. Das gilt auch für Autofähren.

Fähren

Mitunter läßt es sich nicht vermeiden, eine Fähre zu benutzen, um ans Reiseziel zu gelangen. Sie sind aber auch kein großes Problem, wenn man weiß, was auf einen zukommt und ein paar Dinge vorbereitet.
Erkundigen Sie sich vor Antritt der Reise ganz genau, ob Ihr Hund auf die Fähre mitdarf und wo er sich während der Fahrt aufhalten muß. Fähren, auf denen ein Hund während der ganzen Fahrt in einem Zwinger oder unter Deck im Auto bleiben muß, würde ich meiden.

Auf den Fähren von Italien (z.B. Savona, Genua, La Spezia, Livorno bzw. Piombino) und Frankreich (z.B. Nizza, Toulon, Marseille) nach Korsika, Sardinien und Elba dürfen Hunde mit an Deck. Das gleiche gilt für die Fähren auf der anderen Seite der italienischen Halbinsel von Ancona nach Griechenland (z.B. Patras). Auch innerhalb Griechenlands dürfen die vierbeinigen Passagiere auf den Fähren zwischen Festland und den Inseln (z.B. Kreta) an die frische Luft. Dagegen müssen Hunde auf spanischen Fähren, z.B. von Alicante, Valencia oder Barcelona nach Mallorca, während der immerhin zwischen 8 und 13 Stunden dauernden Überfahrten im Auto in der Garage oder einer Box bleiben. Sogar auf den Strecken zu den Kanarischen Inseln (z.B. um die 90 Stunden) wird dies so gehandhabt!
Spätestens wenn das Meer tobt und die Fähre entsprechend stark schaukelt, möchte ich meinen Hund nicht alleine im Auto oder gar einem Kennel wissen. Vielleicht wird ihm schlecht, vielleicht muß er sich übergeben, und dann ist keiner bei ihm. Es gibt aber ohne Zweifel auch einige wenige Hunde, denen es nichts auszumachen scheint, während der langen Überfahrt die meiste Zeit allein verbringen zu müssen. So konnte ich einmal beobachten, wie ein Nürnberger Ehepaar einen großen Mischling mit einem zweistelligen Alter auf der Fähre nach Mallorca abends entspannt im Auto zurückließ. Am anderen Morgen wurden sie superfröhlich von dem – allerdings extrem reiseerfahrenen – Senior begrüßt.

Wichtig: Sie selbst kennen Ihren Hund am besten und müssen wissen, was Sie ihm zumuten können.
Im Zweifelsfall fragen Sie vor einer längeren Schiffs- oder Flugreise erst Ihren Tierarzt.

Falls die Überfahrt länger dauert und der Hund währenddessen im Auto bleiben muß, sollten Sie fragen, wie oft und wie lange Sie nach ihm sehen

Unser Tip

Packen Sie rechtzeitig bevor Sie auf die Fähre kommen einen Proviant-Rucksack für Mensch/en und Hund/e (Eß- und Trinknapf nicht vergessen!).

und ihn Gassi führen dürfen. Manchmal lohnt es sich auch, die Angebote verschiedener Fährgesellschaften, die dieselbe Route anbieten, zu vergleichen und die Linie zu wählen, bei der der vierbeinige Passagier etwas mehr Freiheiten hat und zumindest mit aufs Deck darf.
Selbst wenn dies gestattet ist, so dürfen Hunde auf den Fähren aber normalerweise nicht mit ins Bordrestaurant oder in eine Kabine. Daher sollten Sie im Interesse Ihres Tieres auf eine Kabine verzichten und eine einfache Deckpassage buchen. Trösten Sie sich: Das ist nicht nur billiger, sondern gerade in einer warmen Sommernacht auch viel schöner, als in einer stickigen engen Kabine schlafen zu müssen …
Legen Sie sich im Auto eine warme Decke und/oder einen Schlafsack und evtl. noch eine Matte oder Luftmatratze bereit, die sie mitnehmen, um es sich an Deck so richtig gemütlich machen zu können. Denn selbst auf dem sommerlichen Mittelmeer kann in der Nacht eine frische Brise wehen.

Gassi an Bord

Ich weiß nicht, wie und wo sich der Pudel von Grace Kelly auf seinem Luxusliner „erleichtert" hat. Auf einigen wenigen Autofähren soll es angeblich spezielle Sandkästen als Hundetoiletten geben. Nicht nur, daß ich selbst nie eine solche Einrichtung auf einem Schiff gesehen habe, ich zweifle auch daran, daß ein Hund sie so einfach benutzen wird.
Sollte es auf Ihrer Fähre keine Hundetoilette geben, so wäre es wünschenswert, wenn Ihr Vierbeiner sein Geschäft in der Garage erledigen würde. Aber auch das ist natürlich leichter gesagt als getan. Auf längeren oder gar mehrtägigen Fahrten dürfen Sie in regelmäßigen Abständen zu ihrem Auto. Diese Zeiten nutzen Sie, um Ihren Hund in der Autogarage Gassi zu führen – unabhängig davon, ob Sie ihn mit an Deck hatten oder er im Auto oder in der Box auf Sie warten muß. Im letzteren Fall ist es natürlich noch wichtiger, daß das Gassigehen erfolgreich verläuft!
Sie führen Ihren Hund nun in schlechter Luft zwischen den parken-

den Autos herum und ärgern sich bald, weil er nur begeistert überall herumschnuppert und gar nicht daran denkt, bei diesen merkwürdigen ungewohnten Gerüchen das Bein zu heben oder gar einen Haufen hinzusetzen. Außerdem stört ihn die Tatsache, daß er sich nicht unter freiem Himmel befindet. Hier darf man doch gar nicht oder doch? Am einfachsten geht es, wenn Sie eine Stelle finden, wo schon ein Artgenosse „markiert“ hat.

Hat der Hund schließlich sein Geschäft erledigt, dann müssen Sie das Häufchen natürlich entsorgen. Hat er sich womöglich gar an Deck erleichtert, sollten Sie selbstverständlich nicht nur das große, sondern das kleine Geschäft ebenfalls entfernen. Das ist nicht nur rücksichtsvoll gegenüber den Mitreisenden, sondern auch gegenüber dem Personal und wird sicher dazu beitragen, daß auch in Zukunft Hunde an Deck willkommen sein werden!

Meine Erfahrungen

Auf der Strecke Kreta – Peleponnes macht die Fähre auf zwei kleinen Inseln jeweils einen kurzen Zwischenstop, bei dem man kurz aussteigen darf. Den ersten Halt nutzte mein Hund fürs kleine, den zweiten fürs große Geschäft. Das war perfekt. Und jeweils sofort danach machte er kehrt und zog mich zurück aufs Schiff. Als ob er wußte, daß er sich beeilen mußte. Profis unterwegs! Diese Methode ist natürlich optimal, aber nur nervenstarken Leuten und einem „eingespielten Team“ zu empfehlen!

Unterkünfte

Auf dem Campingplatz

Wohnmobilisten und Caravan-Fahrer brauchen kein Hotel, sondern hundefreundliche Camping- oder andere Übernachtungsplätze. Einen Campingplatz zu finden, auf dem Hunde gestattet sind, ist jedoch gerade in einigen klassischen Urlaubsländern nicht leicht.

Wie bereits erwähnt (siehe S. 40), haben wir einfach „wild" gecampt, wenn wir keinen passenden Campingplatz gefunden haben. Für diejenigen, die sich mit dieser Alternative nicht anfreunden können, ist die Variante, direkt vor oder neben dem offiziellen Campingplatz ihr Domizil aufzuschlagen, optimal.

Voraussetzung ist, daß die Campingplatzbetreiber dies dulden, was jedoch gerade in südlichen Ländern meistens der Fall ist, schließlich bedeuten die „Zaungäste" eine zusätzliche Einnahmequelle. Gegen eine Gebühr von ein paar Mark wird den „Draußengebliebenen" in der Regel der Zugang zu den sanitären Anlagen des Geländes gewährt.

Vor allem in Portugal ist es nicht ungewöhnlich, vor den Toren der Campingplätze zu lagern, besonders zur Hauptferienzeit, wenn die Plätze dem Urlauberansturm nicht standhalten können. Viele Portugiesen schlagen dann mit großer Selbstverständlichkeit ihre Zelte unter den Pinien jenseits des Zaunes auf.

Gesellen Sie sich mit Ihrem Hund einfach dazu. Es wird nicht lange dauern, und die einheimischen Nachbarn bringen dem Vierbeiner ihre Essensreste (bitte Geflügelknochen aussortieren oder freundlich ablehnen!). Man kommt ins Gespräch, und wieder einmal stellt der Hund sich als kommunikationsfördernd heraus.

Wo Sie weitere Informationen erhalten

In den ADAC-Campingführern für Nord- und Südeuropa sind die hundefreundlichen Campingplätze gekennzeichnet.

Über die *Österreich Werbung* (Adresse siehe Anhang) können Sie die Gratis-Broschüre Urlaub mit dem Hund in Österreich mit einer Liste hunde-

freundlicher Betriebe anfordern (siehe auch S. 59 f.). Mit hundefreundlichen Campingplätzen steht es in der Alpenrepublik aber leider nicht zum besten. Das aktuelle Heft enthält keine einzige diesbezügliche Empfehlung. Ein am Faaker See im Süden Kärntens gelegener Platz ist wieder aus der Broschüre gestrichen worden. Eine Überprüfung hielt den strengen Kriterien der „Hundefreundlichkeit" nicht stand, obwohl es auf diesem Campingplatz im Mai und September spezielle Hundesportwochen gibt. Allerdings dürfen Hunde nur in den Morgen- und Abendstunden den Strand benutzen und im anliegenden See schwimmen.

Feste Unterkünfte

Ferienhäuser und -appartements

Eine Ferienwohnung und vor allem ein gemietetes Haus sind natürlich am unproblematischsten für den gemeinsamen Urlaub mit Hund. Ein reiches Angebot an Ferienhäusern und -wohnungen in zahlreichen europäischen Urlaubsländern, vor allem in Österreich und der Schweiz, bieten die ab der nächsten Seite vorgestellten Organisationen und Spezialkataloge.

Wichtig: Vergewissern Sie sich unbedingt vor der Buchung, ob Sie Ihren Hund mitbringen dürfen.

Hotels, Pensionen und Privatunterkünfte

Es gibt – dem Trend der zunehmenden Reiselust mit Vierbeinern entsprechend – immer mehr Hotels, Pensionen und Privatunterkünfte, die die klaffende (nicht kläffende!) Marktlücke schließen und sich speziell an Urlauber mit Hund wenden.
Wie immer gilt natürlich auch hier der Grundsatz, daß es Ihnen zur Nebensaison eher gelingen wird, mit einem Hund unterzukommen, als in der begehrten Hauptreisezeit. Die Nachfrage regelt das Angebot und entscheidet über Kulanz und Toleranz!

Wichtig: Wenn Sie Ihren Hund in Hotels und Gaststätten mitnehmen möchten, so sind ein Mindestmaß an Erziehung auf Seiten des Hundes sowie Rücksicht und Verantwortung auf Ihrer Seite unabdingbar. Denn es ist sicher nicht in Ihrem Interesse, daß dort aufgrund schlechter Erfahrungen zukünftig keine Vierbeiner mehr willkommen sind!

Wo Sie weitere Informationen erhalten

Viele Hotels, Pensionen, aber auch Anbieter von Privatzimmern inserieren in Tier- und Hundezeitschriften sowie in den Organen der Tierschutzorganisationen (z. B. in der Zeitschrift „Du und Dein Tier" des Deutschen Tierschutzbundes). Falls Sie dort nicht fündig werden sollten, können Sie sich bei den Fremdenverkehrsämtern oder Ihrem Reisebüro nach hundefreundlichen Übernachtungsmöglichkeiten und entsprechenden Zielgruppen-Prospekten erkundigen. Nachfolgend einige weitere Informationsquellen.

Fremdenverkehrsbüro „Schweiz Tourismus"

Hier können Sie ein Hotelverzeichnis bekommen, aus dem hervorgeht, in welchen Hotels und Pensionen Sie mit Hund gerne gesehen sind. Üblicherweise wird für den vierbeinigen Gast ein Aufpreis berechnet.

Schweizerische „Dog Holiday AG"

Dort können Sie einen gleichnamigen Prospekt bestellen, der Ihnen zahlreiche hundefreundliche europäische Pensionen und schicke Hotels, aber auch Ferienhäuser oder -wohnungen, präsentiert (Adresse siehe Anhang). Der ca. 45 DIN A 4-Seiten starke Katalog kostet 10 DM oder sfr bzw. 70 öS, eine sowohl ökologisch als auch sozial begründete Schutzgebühr, denn ein Teil davon kommt der Blindenhundausbildung zugute. Er erscheint alle zwei Jahre, und zu seiner Ergänzung können Sie sich alljährlich kostenlos eine aktualisierte Preisliste zuschicken lassen.

Die meisten darin aufgeführten Unterkünfte befinden sich in der Schweiz, aber auch Österreich, Frankreich und Deutschland sind gut vertreten, gefolgt von Italien, Spanien, Dänemark, den Niederlanden (nur Ferienhäuser) und schließlich Ungarn. Sie können Ihre Reise mit Hund auch direkt bei der Dog Holiday AG buchen.

Die **Preise** der im Katalog angebotenen Unterkünfte liegen für eine Woche in der Hauptsaison zwischen 600 und 1500 sfr pro Person im Einzelzimmer mit Frühstück. Der ungarische Reiterhof ist mit etwas über 300 Franken deutlich billiger. Mitunter werden Hunde extra berechnet. Im Wintersportland Schweiz gelten normalerweise der Winter und die Osterferien als Hauptsaison. Wenn Sie also eine Reise im Frühling, (Früh)Sommer (nicht gerade in den großen Ferien) oder Herbst buchen,

kommen Sie erheblich billiger weg. Und für einen Wanderurlaub mit Hund sind diese Monate ja geradezu ideal.
Wenn Sie mit Ihrem Hund im Urlaub richtig aktiv werden wollen oder Ihr Vierbeiner etwas lernen soll, so finden Sie auch hierzu in diesem Katalog interessante Angebote, wie z. B.:

- Wandern ohne Gepäck in der Lüneburger Heide, im Schwarzwald, in der Donau-Region oder im Salzkammergut;
- Agility (ein derzeit sehr beliebter Hundesport, bei dem Mensch und Tier gemeinsam einen Hindernisparcours bewältigen müssen) in der Schweiz und Deutschland;
- Hundeschulen, in denen man die gemeinsame Ferienzeit für Erziehung und Ausbildung des Vierbeiners nutzen kann.

Wichtig: Eine Hundeschule sollten Sie unbedingt **gemeinsam** besuchen. Es bringt gar nichts, wenn Sie Ihren Hund tagsüber dort abgeben und ihn von einem anderen Menschen ausbilden lassen. Sie wollen ja schließlich, daß **Sie** der Rudelführer Ihres Tieres sind und nicht der fremde Trainer, oder?

Ein, meiner Meinung nach, ebenfalls sehr interessantes Angebot sind die in der Ostschweiz stattfindenden Ferienlager für 8- bis 15jährige Kinder bzw. Jugendliche. Die jungen Teilnehmer bringen ihren Hund mit und lassen ihre Eltern zu Hause. Die Beziehung Kind/Hund steht im Vordergrund der Veranstaltung.
Über Dog Holiday können für bestimmte Länder sogar ganze Omnibusse für Vereinsreisen gemietet werden sowie Hausboote, Wohnmobile – oder für Hundehalter, die es ganz romantisch lieben – Planwagen.
Eine kleine Kritik: Der Katalog enthält auch noch das – wie ich finde, ziem-

lich überflüssige – Angebot, an mehrtägigen (Welt)Hundeausstellungen teilzunehmen. Eine Tortur, die sie Ihrem Hund ersparen sollten, denn hier kommen nur die Zwei- und nicht die Vierbeiner auf ihre Kosten!

Wichtig: In etlichen österreichischen Orten können Sie Ihren Hund sogar zum Kuren, zum Abspecken oder auf die Schönheitsfarm mitnehmen.

Broschüre „Urlaub mit dem Hund in Österreich"

Sie ist gratis über die *Österreich Werbung* (Adresse siehe Anhang) erhältlich. Darin werden eine Ferienwohnungsanlage, 15 Pensionen, Hotels und Gasthöfe in Nieder- und Oberösterreich, Tirol, Salzburg, Kärnten (allein 7) und der Steiermark vorgestellt. Daneben gibt es viele nützliche Informationen für den Hundehalter, z. B. Sportangebote oder Ausbildungsprogramme.

Sämtliche in der Broschüre aufgeführten Unterkünfte sind ausgesprochen hundefreundliche Betriebe und werden ständig überprüft.

Viele haben sich sogar regelrecht auf den Gast mit Hund spezialisiert.

Nachfolgend beispielhaft einige der vielen dort angebotenen Serviceleistungen:

- Ein Tiroler Alpengasthof serviert dem Vierbeiner zur Zahnpflege allabendlich einen leckeren Kalbsknochen.
- Oft sind Teile des Restaurants speziell für Gäste in Hundebegleitung reserviert
- Ein Kärntner Landhaus betont die Schwimmöglichkeiten im Hausteich – auch für den Hund!
- Eine Salzburger Pension bietet zumindest für kleinere Vierbeiner, deren Besitzer für ein paar Stunden ohne Hund unterwegs sind, einen mittäglichen Spazierführ-Service an.
- Ein Tiroler Hotel umsorgt den Vierbeiner, während sich seine Menschen auf der Skipiste tummeln.

Wichtig: Leider wird mancherorts auch angeboten, den Hund zeitweise in einem Zwinger unterzubringen. Davon sollten Sie unbedingt Abstand nehmen!

Genauso wenig wie Zwingerhaltung sich zu Hause schickt, genauso wenig sollte sie im Urlaub zur Anwendung kommen! Hier, wo Sie eigentlich mehr Zeit für Ihr Tier haben sollten, müßten Sie auf das Zwingerangebot eigentlich noch eher verzichten können als daheim. Natürlich kann es – in Ausnahmefällen – einmal sein, daß

Sie Ihren Hund kurzzeitig wegsperren müssen. Wenn Sie befürchten müssen, daß Ihr Liebling die Zimmereinrichtung auseinandernimmt oder die Autopolster zerfetzt, so ist es vielleicht in der Tat unausweichlich, ihn vorübergehend in einem Zwinger zu verwahren. Aber mit solch einem unerzogenen Tier wird dann wahrscheinlich die gesamte Urlaubsreise relativ schwierig und anstrengend.
Ein Wort zu den Preisen: In Pensionen und Hotels mit bis zu vier Sternen zahlen Sie in der Hauptsaison meist zwischen 500 und 800 öS pro Person für ein Zimmer mit Frühstück. Viele Häuser bieten darüber hinaus Halbpension (zwischen 500 und 1700 öS pro Person in der Hauptsaison) an – auch für den Hund.
Die Übernachtung des Hundes ist auf dem Zimmer oder im Appartement häufig umsonst, wenn nicht, kostet sie zwischen 40 und 160 öS, mit Futter zwischen 50 und 250 öS. Für eine Nacht im Zwinger werden zwischen 50 und 160 öS in Rechnung gestellt.

Unser Tip

Über die hundefreundlichen Betriebe informiert auch die C-B-R München, die internationale Reisemesse, die jährlich in der Bayerischen Landeshauptstadt stattfindet (Adresse siehe Anhang).

Sonderheft „Der Hund im Urlaub“
Herausgegeben hat das Heft die Redaktion der kynologischen Fachzeitschrift „Der Hund“, erschienen ist es im Deutschen Bauernverlag (Bezugsadresse siehe Anhang). Es kostet um die 10 DM, enthält über 2000 Adressen und ist nach Regionen, in denen Sie mit Ihrem Vierbeiner willkommen sind, gegliedert. Die mit Abstand zahlreichsten Anlaufstellen befinden sich in Deutschland. Wenn Sie also zwischen Sylt und Garmisch-Partenkirchen Urlaub machen wollen, so ist der Ort Ihrer Wahl bestimmt mit einer „hundetoleranten“ Adresse dabei, oder zumindest ein Ort ganz in der Nähe.
Aber auch Österreich sowie – allerdings in extrem geringerem Umfang – Italien, Frankreich, Belgien, die Niederlande, Spanien (Costa Blanca und Kanaren), Griechenland (Kreta), die Türkei, die Slowakei und schließlich Ungarn (Plattensee) sind vertreten.
Hundehalter finden in diesem Heft außerdem viele nützliche Hinweise, wie z.B.:

- Informationen für die „Erste Hilfe für unterwegs“,

◆ die jeweils aktualisierten Einreisebestimmungen,
◆ Adressen von Fremdenverkehrsämtern und Kurverwaltungen,
◆ interessante Erfahrungsberichte (z. B. „Auf Tour durch Skandinavien").

Jugendherbergen & Wanderhütten

Ein zünftiger Wanderurlaub ist selbstverständlich das Non-Plus-Ultra für einen gesunden bewegungsfreudigen Hund und sportliche Menschen. Bei der Wahl der Route und Region will Ihnen gerne der „Bergwanderführer für Hundehalter" behilflich sein. Er beschreibt exakt 25 erprobte hochalpine Wandertouren und empfiehlt dabei verschiedene Berghütten, Unterkünfte und Gasthäuser. Das Buch kostet um die 30 DM und ist über die Bendorfer Dienstleistungsagentur „Pro Hund" zu beziehen (Adresse siehe Anhang).

Wichtig: In Jugendherbergen sind Hunde generell nicht erlaubt – unabhängig vom Reiseziel.

Mit Hund am Ziel der Reise

Sie haben ein schönes Urlaubsziel gefunden und die Anreise mit Ihrem Vierbeiner gut gemeistert?! Dann müssen Sie jetzt „nur“ noch dafür sorgen, daß auch der Urlaub selbst gelingt.
In diesem Zusammenhang ist es gerade für Hundebesitzer äußerst wichtig, über ein gewisses Grundvokabular der jeweiligen Landessprache zu verfügen. Der nach meiner Erfahrung mit Abstand wichtigste Satz ist dabei: „Der beißt nicht!“ Diese Entwarnung vermeidet Mißverständnisse und Spannungen und sollte daher vom Hundehalter in möglichst vielen Sprachen beherrscht werden. Für unsere Ohren klingt das in den romanischen Sprachen gleich ziemlich dramatisch, denn *beißen* heißt auf Französisch *mordre,* auf Italienisch *mordere* und auf Spanisch und Portugiesisch *morder.*
Machen Sie aber nicht den Fehler, den ich bei meinem ersten Urlaub mit Hund am Mittelmeer machte. „Non mordo!“, brüllte ich da immer wieder quer über den Strand: „Ich beiße nicht!“ Na, wie beruhigend!

Trinkwasser nicht vergessen!

Bei einem Sommerurlaub in einer heißen Gegend müssen Sie dafür sorgen, daß Ihr Hund stets ausreichend Wasser trinken kann. Andernfalls drohen Austrocknung und Hitzschlag. Auf einsamen Wanderpfaden oder am Meeresstrand heißt es notfalls, eine zusätzliche Flasche für den Vierbeiner mitschleppen!
In Gartenlokalen wird es nicht unangenehm auffallen, wenn Sie ihrem Hund einen Wassernapf unter den Tisch stellen. Falls Sie den vergessen haben, bitten Sie den Kellner darum. Vielleicht bringt er ein Schüsselchen. Wenn nicht, dann waschen Sie einen großen Aschenbecher aus und füllen ihn mit frischem Wasser. (Mir ist dieses Ritual so in Fleisch und Blut übergegangen, daß ich mich sogar schon dabei ertappte, wenn ich gar keinen Hund dabei hatte!)
Übrigens ist es oftmals in einem südlichen Land angebracht, auch einem herrenlosen Hund demonstrativ einen Napf mit Wasser zu füllen!

BOGG
OXO
SHOW
CASINO
ROBERT MITCHUM AS MARLOWE
IN CHANDLER's FAMOUS
"THE BIG DOG"

Restaurantbesuche

Wie bereits im Kapitel über hundefreundliche und weniger freundliche Länder ausgeführt, gibt es Regionen, in denen es absolut unüblich, nicht gern gesehen oder schlichtweg verboten ist, einen Hund mit in ein öffentliches Lokal zu nehmen (z.B. neue deutsche Bundesländer, Tschechien, Süditalien, Spanien und andere ost- und südeuropäische Länder).
Interessanterweise sind es oft gerade die vornehmeren und teureren Lokale, die Hunde tolerieren, und nicht die billigen Kneipen. Lassen Sie sich also nicht gleich von einem noblen ersten Eindruck abschrecken, sondern wagen Sie einen Versuch, und gehen Sie selbstbewußt und erhobenen Hauptes hinein. Falls der Hund zum Stein des Anstoßes wird, können Sie immer noch entscheiden, ob Sie einfach kehrtmachen und woanders essen oder ob Sie das Tier ins Auto bringen oder, was natürlich ganz ungemütlich ist, nacheinander essen.
Für letzeres entschied ich mich einmal, als ich noch zu DDR-Zeiten mit einem Freund und meinem Hund in Ostberlin war. In dem modernen Restaurant am Alexanderplatz gab es zwar Kakerlaken, aber Hunde waren nicht erlaubt. Obwohl es Januar und ziemlich kalt war, warteten abwechselnd mein Freund und ich mit unserem Vierbeiner vor der Tür während der andere aß. Wir waren ohne Auto da, und ich wollte den jungen Hund nicht unbeaufsichtigt an die Hauswand binden.
Mitunter sind jedoch auch die Hundebesitzer daran schuld, daß vierbeinige Gäste in einem Restaurant nicht gerne gesehen sind. Beachten Sie daher bitte folgende Regeln:
1. Füttern Sie Ihren Hund nicht demonstrativ mit Essenshäppchen.
2. Lassen Sie ihn nicht vom Restaurantgeschirr fressen oder daran lecken.
3. Falls Sie Ihrem Vierbeiner von Ihrer Mahlzeit gerne etwas zukommen lassen möchten, so lassen Sie es sich einpacken. Das ist den Wirtsleuten bestimmt angenehmer, als wenn Sie alles unter den Tisch werfen.
4. Sorgen Sie dafür, daß Ihr Hund nicht im Weg liegt und die arbeitenden und gestreßten Kellner behindert.
5. Achten Sie darauf, daß er keine anderen Gäste anbettelt. Es gibt Leute, die das nicht mögen. Und es gibt Hunde, die einen dabei derart unverschämt vollsabbern, daß sogar ich verstehe, wenn andere das nicht mögen.
6. Lassen Sie Ihren Vierbeiner nicht unangeleint durchs Lokal laufen.

Meine Erfahrungen

In einem sehr vornehmen Restaurant im toskanischen Siena wollte einmal ein Kellner im Frack stilvoll auf einem silbernen Tablett meinem Hund einen Rinderknochen servieren. Es war der imposante Rest der Spezialität des Hauses: bistecca fiorentina. Bevor der Kellner das Tablett auf den Boden stellen wollte, fragte er mich um Erlaubnis. Meinem vierbeinigen Begleiter fielen natürlich fast die Augen aus dem Kopf, und das Wasser lief ihm nicht nur im Munde zusammen. Und dann mußte ich zerknirscht ablehnen, denn der Hund bekam von Knochen immer höllische Verstopfungen, die fast jedesmal mit einem sehr unangenehmen Tierarztbesuch endeten. Irritiert machte der Kellner mit seiner Spezialität wieder kehrt, und mein Hund konnte es nicht fassen. Die Szene bestätigte mir wieder einmal: Es sind wirklich eher die besseren Lokale, die auch einen Vierbeiner als Gast ansehen. Das gehört hier zum Service, schließlich ist der Kunde König.

Andere vierbeinige Gäste

In südlichen Gefilden kann es eine ganz spezielle Schwierigkeit beim Besuch eines Restaurants geben: Vor allem, wenn Sie im Freien essen möchten, werden Sie vielerorts schnell von anderen bettelnden Tieren umringt sein. Hungrige Katzen und streunende Hunde wollen ihren Anteil. Sie haben die älteren Rechte und lassen sich nur entsprechend schwer vertreiben. Schließlich geht es ja auch für viele von ihnen ums nackte Überleben. Besonders Katzen sind mitunter unglaublich frech und

aufdringlich. Das wiederum sind jedoch nur die wenigsten Touristenhunde gewöhnt und werden unruhig. Sie wollen die Katzen verjagen und mit den anderen Hunden raufen oder spielen. An ein gemütlich-romantisches Mahl ist dann kaum noch zu denken.

Wichtig: Beschweren Sie sich bitte auf keinen Fall über die einheimischen Streuner, denn denen kann es sonst schnell an den Kragen gehen …

Möglicherweise verläuft Ihr Abendessen aber auch wider Erwarten besonders harmonisch. Wenn genügend Gäste im Lokal sind, verschonen die bettelnden Tiere vielleicht gerade Ihren Tisch, weil Ihr Hund ihnen doch ein wenig Respekt einflößt. Dann sind Sie die einzigen, die in Ruhe essen können.

Besichtigungen

Auch wenn Sie mit Hund unterwegs sind, müssen Sie nicht völlig auf Kultur und Besichtigungen verzichten. Kathedralen, antike Tempelanlagen und Museen, also alles, wo ein Hund nicht hinein darf, sollten Sie sich, wenn Sie zu zweit oder mehreren unterwegs sind, lieber nacheinander ansehen, anstatt den Vierbeiner im Auto zu lassen oder gar irgendwo anzubinden.
Fast überall gibt es gleich in der Nähe der Sehenswürdigkeit ein nettes Straßencafé, wo der Wartende es sich mit dem Hund gemütlich machen und schon einmal im Reiseführer nachschlagen kann, was er gleich sehen wird. Manchmal ist ja auch jemand mit von der Partie, der sich weder für

„alte Steine“ noch den ganzen anderen „Kulturkram“ interessiert und dem man für die Zeit der Besichtigung ohne Gewissensbisse den Hund „aufs Auge drücken“ kann.
Bei Kirchenbesuchen in Spanien, Italien oder Portugal erledigt sich die Frage „Wer wartet, und wer besichtigt?“ mitunter von selbst, wenn ein Mitreisender nicht keusch genug gekleidet ist. Dann ist ganz klar: Der mit den Shorts oder die mit dem rückenfreien Oberteil darf sowieso nicht rein und leistet infolgedessen **vor** dem sakralen Bauwerk dem Hund Gesellschaft!
Als mein „Reise-Schäferhund“ trotz seiner 12 Jahre noch ein letztes Mal mit nach Süditalien fuhr, haben wir unser Besichtigungsprogramm allerdings auf ein Minimum reduziert, weil wir ihn in der Hitze nicht mehr so lange laufen oder auf uns warten lassen wollten. Stattdessen haben wir hauptsächlich das gemacht, wovon wir wußten, daß es ihm Spaß macht (Strand, Strand, Strand!), denn wir wußten ja, daß es seine letzte große Reise sein würde. Wir dagegen, wir können uns die Sehenswürdigkeiten auch noch in späteren Jahren ohne ihn anschauen.
Einen Welpen oder sehr kleinwüchsigen Hund darf man übrigens mitunter auch schon einmal in ein Museum, ein Schloß o. ä. mit hinein nehmen, wenn man ihn in einem Korb oder einer Tasche trägt.

Strand

Es gibt – wie bereits erwähnt (siehe S. 18 ff.) – an manchen Stränden ein ausdrückliches Hundeverbot. Oft können Sie es allerdings im wahrsten Sinne des Wortes umgehen, indem Sie einfach ein paar hundert Meter weiter gehen. Unter Umständen müssen Sie zwar etwas weitere Wege in Kauf nehmen, das Auto oder Wohnmobil entfernter parken, genießen dafür aber auch fast immer einen weniger überfüllten Strand. Na bitte, es hat eben alles seine Vor- und Nachteile.

Wichtig: Seien Sie rücksichtsvoll! Achten Sie darauf, daß Ihr Hund keine anderen Badegäste belästigt, z. B. indem er über alle Handtücher hinwegtobt oder fremde Sachen als Spielzeug ansieht.

Auf den Kanarischen Inseln, vor allem auf Teneriffa, gibt es sehr viele Strandbäder und entsprechend wenige freie Strände, was mit den gefähr-

lichen Atlantikwellen und der oft unzugänglichen Felsküste zu tun hat. In diese Strandbäder, die meist Eintritt kosten, dürfen in der Regel keine Hunde. Es gibt aber auch auf Teneriffa Strände, an die man den Vierbeiner mitnehmen darf (z. B. Playa de San Marcos bei Icod de los Vinos). Oft lungern dort bereits die herrenlosen oder „teilzeit-streunenden" einheimischen Hunde.

Was braucht der Hund am Strand?

Damit auch Ihr Vierbeiner den Strandtag genießen kann, sollten Sie an folgende Dinge denken:

Trinkwasser. Ein heißer Tag am Strand macht nicht nur Menschen durstig. Bei Hunden kommt noch hinzu, daß manche, allen Erziehungsversuchen zum Trotz, immer wieder Meerwasser trinken und dadurch nur noch durstiger werden. Nehmen Sie deshalb für Ihr Tier eine Flasche Trinkwasser und einen Napf mit an den Strand – auch wenn Sie wahrlich schon genug zu schleppen haben.

Matte oder Decke. Viele Hunde sind dankbar für eine eigene Matte oder Decke. Sie verzärteln Ihren Vierbeiner dadurch nicht, eine eigene Unterlage ist vielmehr eine pädagogische Maßnahme. So weiß der Hund wenigstens, wo sein Platz ist. Gerade ein flegelhafter Junghund kommt dann vielleicht weniger auf dumme Gedanken. Meinem Hund habe ich – ehrlich gesagt – schon deshalb immer eine eigene Badematte mitgenommen, weil er eine ziemlich unangenehme Eigenschaft hatte: Wenn ich einmal gerade nicht aufpaßte, legte er sich gerne auf fremde Handtücher, sobald eines frei wurde, etwa weil jemand ins Wasser oder ein Eis essen gegangen war.

Handtuch und Bürste. Wenn Sie Ihren Hund zwischendurch abrubbeln wollen, sollten Sie ein Handtuch für ihn einpacken. Spätestens, bevor er am Abend ins Auto einsteigt oder das

Hotel betritt, ist es sinnvoll, dem Vierbeiner Sand und Salz aus dem Fell zu bürsten.

Schatten. Außer Trinkwasser braucht ein Hund natürlich auch die Möglichkeit, sich im Schatten aufhalten zu können, wenn es ihm zu heiß ist. Vor allem schwarzes Fell kann sich bei intensiver Sonneneinstrahlung so aufheizen, daß der Hund einen Hitzschlag bekommt. Suchen Sie sich also ein Plätzchen, wo sich Ihr Vierbeiner wahlweise in den Schatten legen kann, oder nehmen Sie Sonnenschirme mit. Allerdings nutzen Ihnen die Schirme gar nichts, wenn es windig ist. Und das kommt vor allem auf Inseln (z. B. Kreta oder Teneriffa) leider sehr oft vor.

Meine Erfahrungen

Bevor ich das erste Mal mit meinem pechschwarzen Schäferhund im Sommer nach Spanien und Portugal fuhr, machte ich mir große Sorgen darüber, wie ich für ihn jedesmal Schatten finden sollte. Deswegen nahm ich extra einige sperrige Holzleisten und ein weißes Bettlaken mit, woraus ich ihm dann immer einen Sonnenschutz bauen wollte. Das stellte sich natürlich als ziemlich umständlich heraus, und mein junger Hund war instinktiv schlauer und lebenstüchtiger, als ich dachte: Er buddelte am Strand ein Loch, bis sich Wasser darin sammelte, legte sich dann hinein und fand es offensichtlich klasse und „cool"! Auch ansonsten hatte er ein großes Talent, überall Schatten und Abkühlung zu finden, so quetschte er sich z. B. gerne zwischen zwei Felsbrocken. Die blöde Holzgestell-Bettuch-Konstruktion haben wir jedenfalls während der ganzen Iberien-Rundreise umsonst mitgeschleppt.
Sicherheitshalber fühlte ich trotzdem immer wieder, ob der Hundekopf und das schwarze dichte Fell nicht doch zu heiß wurden. Aber mein Hund liebte die Sonne, und er vertrug sie gut. Er stammte ja auch ursprünglich von den Agäischen Inseln. Ich bestand jedoch darauf, daß er zwischendurch immer einmal wieder ins Wasser ging. Schließlich habe ich ihm ab und an Wasser übergeschüttet und ein nasses Handtuch auf den Kopf ge-

legt bzw. ein Sonnenhütchen aufgesetzt. Sicher ist sicher – auch wenn's doof aussieht.

Wichtig: Überlegen Sie sich bitte vor einer Reise, welche Temperaturen Ihr vierbeiniger Urlaubsgefährte gut verträgt, und sprechen Sie Ihre Reisepläne gegebenenfalls mit dem Tierarzt ab.

Gassi am Strand

Hunde pinkeln normalerweise nicht oder nur höchst ungern am Strand, es sei denn, sie fühlen sich bemüßigt, bereits vorhandene (übrigens oft menschliche!) Markierungen zu „korrigieren".
Im Gegensatz zu vielen Zweibeinern(!) machen Vierbeiner auch weder das große noch das kleine Geschäft ins Wasser. Nicht zuletzt deswegen ärgere ich mich immer wieder sehr darüber, wenn Hunde nicht in Baggerseen schwimmen dürfen. Mit welchem Recht verbietet man einem Mitgeschöpf, sich im Sommer am kühlen Naß zu erfreuen? Ist denn alles auf der Welt nur für uns Menschen da? Etliche Hunde sind zudem mit Sicherheit gepflegter als so mancher unappetitlicher Zweibeiner, mit dem wir uns den Badesee teilen müssen ...

Wichtig: Vergessen Sie nicht, von Zeit zu Zeit mit Ihrem Hund eine Gassi-Runde abseits vom Strand zu drehen.

Gehen Sie mit ihm in den nächsten Pinien-Hain, die Dünen oder zu den Bäumen der Strandpromenade. Eine Pfütze wird hier niemanden stören, einen Haufen sollten Sie entfernen. So wird Ihr Hund schnell lernen, wo er sein Geschäft zu verrichten hat und Sie vielleicht schon bei der nächsten Gelegenheit darauf aufmerksam machen, wenn er wieder einmal muß.
Ein Vierbeiner, der zwischen den Badegästen das Bein hebt, Sandburgen oder gar fremde Taschen oder Handtücher versaut, ist zu Recht ein Ärgernis, das ein zukünftiges Hundeverbot an diesem Strand zur Folge haben kann.

Gesundheitsrisiken am Urlaubsort

Immer wieder hört und liest man von Krankheiten, die die Gesundheit von Hunden im Mittelmeerraum und auf den Kanarischen Inseln bedrohen. Als verantwortungsvoller Tierhalter sollte man wissen, welche Risiken damit auch für einen Touristenhund verbunden sind.
Bevor Ihnen aber durch das Lesen der folgenden Seiten die Urlaubsfreude vergeht, möchte ich an dieser Stelle unbedingt betonen, daß ein Urlaub der Gesundheit Ihres Hundes natürlich eher förderlich ist und Krankheiten sicher die Ausnahme sind! So bessern sich beispielsweise manche Hautkrankheiten oder Allergien eines Vierbeiners während eines Aufenthaltes am Meer, und oft verschwinden sie sogar völlig.

Leishmaniose

Zunächst die gute Nachricht: Auf den Kanarischen Inseln und Madeira gibt es keine Leishmaniose. Und nun die schlechte: Im mediterranen Raum sowie Portugal scheint diese Krankheit, die das Immunsystem schwächt und langfristig tödlich verläuft, immer häufiger vorzukommen. Und davon sind natürlich nicht nur die einheimischen Hunde betroffen; vierbeinige Urlauber können sich ganz genauso anstecken. Eine Schutzimpfung gibt es nicht.

Wichtig: Zwar können sich Tiere in Südeuropa infizieren. Es stimmt aber nicht, daß sie dann wiederum die Krankheit bei uns verbreiten, wie so oft zu hören ist.

Übertragungswege

Die Leishmaniose-Erreger sind Blutparasiten und werden durch eine Sandfliege verbreitet. Sie kann die Krankheit sogar auf Menschen übertragen. Bei uns ist es zu kühl für das unheilvolle Insekt, es kommt nur in

den warmen Gefilden rund ums Mittelmeer vor.
In Gegenden, in denen die Leishmaniose besonders weit verbreitet ist (z.B. Mallorca, Costa Blanca), raten Veterinäre, Hunde am frühen Abend sicherheitshalber ins Haus zu nehmen. Denn zwischen 17 und 22 Uhr sind diese Fliegen besonders aktiv und stechfreudig. Darüber hinaus läßt sich das Ansteckungsrisiko noch weiter vermindern, wenn man den Vierbeiner von stehenden Gewässern und Müllkippen fernhält. Dort halten sich Sandmücken nämlich besonders zahlreich auf.

Krankheitsbild
Bei der Leishmaniose kann es viele Monate oder gar Jahre dauern, bis nach einer Ansteckung die ersten Symptome auftreten. Werden die dann jedoch unverzüglich erkannt, so kann der Ausbruch der unheilbaren Krankheit mit – allerdings relativ teuren – Medikamenten wenigstens hinausgezögert oder in seiner Schwere gelindert werden.

Wichtig: Leishmaniose ist unheilbar und führt früher oder später zum Tod des Tieres. Da es unter Umständen jedoch sehr lange dauern kann, bis die Krankheit ausbricht, und eine Behandlung darüber hinaus lebensver-

Symptome einer Leishmaniose-Infektion

- geschwollene Lymphknoten
- Schuppenbildung
- angeschwollene Schleimhäute
- Hautentzündungen
- Fellschäden
- schlecht verheilende offene Stellen
- Verhornung und Schorfschicht auf der Schnauze.

längernd ist, ist es nicht nötig, einen leishmaniose-positiven Hund sogleich einzuschläfern. Erst wenn er Schmerzen hat und leidet, ist dieser Schritt gerechtfertigt.

Ich persönlich würde die Gefahr einer Leishmaniose-Infektion nicht überbewerten und schon gar nicht allein deswegen auf einen gemeinsamen Urlaub mit Hund verzichten. Ansteckende Krankheiten gibt es sowohl für Menschen als auch für Tiere überall. Die Angst davor sollte weder den Feriengenuß schmälern noch in Hysterie ausarten.
Es ist nur wichtig zu wissen, daß es diese Infektionskrankheit überhaupt gibt. Denn manche Tierärzte hier bei uns haben keine Erfahrungen mit Leishmaniose oder anderen Mittelmeerkrankheiten und erkennen daher mitunter auch die Symptome nicht. Die Folge: Die Beschwerden werden falsch interpretiert und behandelt, so daß wertvolle Zeit verlorengeht. Informieren Sie Ihren Tierarzt also unbedingt über Ihre Reise, damit er dieses Wissen in seine Diagnose mit einfließen lassen kann. Oder konsultieren Sie entsprechende Experten an den Tierärztlichen Hochschulen und Universitätskliniken (z. B. Hannover, Gießen, Berlin und München).

Viele Tiere sehen noch lange völlig gesund aus, obwohl sie mit den Leishmaniose-Erregern infiziert sind. Ganz Vorsichtige empfehlen daher, den Hund prinzipiell nach der Rückkehr aus einem Land, in dem die Leishmaniose vorkommt, vom Tierarzt untersuchen zu lassen. Der Erregernachweis erfolgt mittels eines Bluttests.

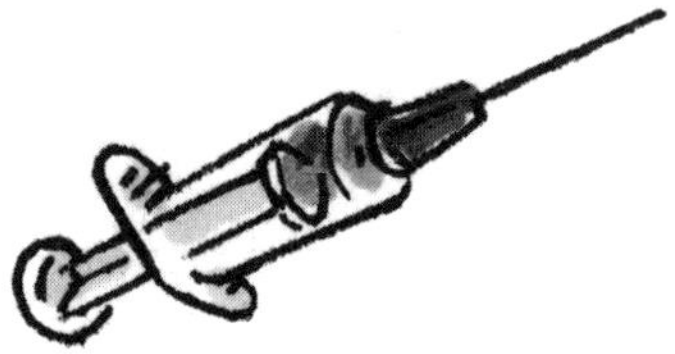

Herzwurmkrankheit (Filariose)

Herzwürmer (Filarien) werden ebenfalls durch den Stich eines Insekts auf den Hund übertragen. Herzwürmer sind in Nord- und Südamerika, auf den Kanarischen Inseln und inzwischen leider auch in Teilen des Mittelmeerraumes verbreitet.

Wichtig: Im Gegensatz zu Leishmaniose ist Filaria heilbar, und gegen diese Blutparasiten kann auch eine effektive Prophylaxe betrieben werden.

Einem Vierbeiner, dem ein längerer Aufenthalt in einer der gefährdeten Regionen bevorsteht, kann der Veterinär vor der Reise ein Mittel unter die Haut spritzen, das den Hund vor den Filarien schützt. Die Wirkung hält einen Monat an. Erheblich teurer sind Tabletten, die – ebenfalls für jeweils einen Monat – die gleiche Wirkung erzielen. Hundehalter, die mit Vierbeiner auf den Kanaren überwintern, sollten sich davon eine entsprechende Anzahl mitnehmen. Sechs Tabletten kosten ungefähr 50 DM.

Krankheitsbild
Anfangs finden sich Eier, Larven und auch die voll entwickelten Würmer nur im Blut, und der Hund zeigt keinerlei Beschwerden. Verräterische Symptome, wie Mattigkeit und Herzbeschwerden, fallen erst im Endstadium, wenn sich die Würmer bereits im Herz befinden, auf. Daher wird die Krankheit oft gar nicht erkannt, was vor allem deshalb sehr bedauerlich ist, weil zunächst ganz gute Heilungschancen bestehen.
Der Nachweis, ob ein Befall mit Herzwürmern vorliegt, erfolgt mit Hilfe von Bluttests.

Wichtig: Genau wie Leishmaniose, so ist auch Filaria nicht vom Hund auf den Menschen übertragbar!

Zecken

Diese blutsaugenden Parasiten sind wahre Überlebenskünstler und können extrem lange ohne Nahrung auskommen. Auf Büschen und Sträuchern lauern sie auf vorbeikommende Warmblüter und lassen sich im rechten Moment auf sie fallen. In Südeuropa gibt es Zeckenarten, die für Mensch und Tier gefährlicher sind als die Blutsauger in den nördlicheren Breiten. Sie können nämlich mit ihrem Speichel Krankheiten wie z.B. Babesiose, Borreliose und Hirnhautentzündung übertragen. Achten Sie bei einem Urlaub in südlichen Gefilden also vermehrt auf Zecken am Körper Ihres Hundes, und drehen Sie sie grundsätzlich so schnell wie möglich heraus. Je häufiger Sie sein Fell absuchen oder bürsten, um so größer ist die Chance eine Zecke bereits zu entdecken, bevor sie sich festgebissen hat.

Wichtig: Im Todeskampf sondert die Zecke besonders viel Speichel ab, wodurch das Risiko einer Krankheitsübertragung auf den Hund zunimmt. Deshalb empfiehlt man heute auch nicht mehr, diese Plagegeister zunächst mit Öl, Haarspray oder Nagellack zu ersticken, um sie dann tot aus der Haut zu ziehen.

Unser Tip

Verwenden Sie zum Herausdrehen der Blutsauger am besten eine Zeckenzange. Es gibt sie für ca. 10 DM beim Tierarzt, in der Apotheke oder im Zoohandel.

Bohnengroße bereits mit dem Blut des Hundes angefüllte Zecken können Sie auch mit den Fingern herausdrehen. Entfernte Zecken bitte auf jeden Fall töten und nicht einfach in die Landschaft werfen, wo sie sich schnell an ihr nächstes Opfer heranmachen können!

Die Situation der herrenlosen Hunde im Reiseland

Wie bereits mehrfach angesprochen, werden Urlauber in fast allen Mittelmeerregionen sowie in Portugal und auf den Kanarischen Inseln mit herrenlosen streunenden Hunden und verwilderten Katzen konfrontiert. Einige wenige Tiere, die auf diese Weise leben und überleben müssen, kommen auch ohne Zuhause ganz gut zurecht. Ihnen geht es vielleicht sogar besser als so manchem verzärtelten Schoßhund, der zu viel zu essen und zu wenig Bewegung bekommt oder als etlichen anderen Hunden in der „Obhut" des Menschen. Mit Sicherheit haben sie mehr vom Leben als ein vernachlässigter Ketten- oder Zwingerhund, denn sie haben wenigstens ihre Freiheit.

Voraussetzung für ein fröhliches Stromerleben ist allerdings, daß die Tiere geduldet werden, genug Futter finden oder erbetteln können und sich zu einem kleinen Rudel zusammenschließen konnten. Natürlich kann es selbst dann mit einem verwilderten Hund schnell bergab gehen, zum Beispiel wenn er krank oder verletzt wird und ihn niemand medizinisch versorgt. So gehe ich davon aus, daß sich diejenigen Hunde, die in der Tat ein zufriedenes Streunerdasein fristen dürfen, leider eindeutig in der Minderheit befinden.

In vielen Ländern ist es zudem, wie bereits an anderer Stelle erwähnt, spätestens nach der Touristensaison mit dem glücklichen Strandleben vorbei, denn dann werden herrenlose Hunde und Katzen schlichtweg behördlicherseits liquidiert!

Tierschutz vor Ort

In fast allen bedeutenderen Ferienregionen gibt es inzwischen Tierschutzorganisationen. Dort spricht man fast immer englisch oder deutsch, denn die meisten dieser Vereine wurden sogar von engagierten Nord- oder Mitteleuropäern gegründet. Von tierlieben Menschen, die sich eigentlich nur eine schöne Zeit in ihren Ferien-

wohnungen gönnen oder als Rentner oder Aussteiger die südliche Sonne genießen wollten. Manche hat es auch aus beruflichen Gründen in die Urlaubszentren verschlagen. Dort konnten sie dann – entsetzt über die schrecklichen Zustände, die sie hier vorfanden – nicht einfach tatenlos zusehen und wurden gegen das Tierelend aktiv.
Fairerweise muß gesagt werden, daß sich inzwischen viele spanische, italienische, griechische oder portugiesische Tierschützer zu ihnen gesellt haben und daß es mittlerweile auch einheimische Vereine gibt. Allerdings gibt es soviel zu tun, daß das dankenswerte Engagement der Tierschützer oft nicht mehr als der sprichwörtliche Tropfen auf den heißen Stein sein kann.

Was Sie tun können

Falls Sie einen einheimischen Streuner während Ihres Ferienaufenthaltes füttern, erkundigen Sie sich bitte nach seinem Schicksal, wenn die Saison vorüber ist, die Hotels und die Strände leer sind und keiner mehr da ist, den der Hund anbetteln kann. Falls die Gefahr besteht, daß das Tier eingefangen und getötet wird oder verhungern könnte, informieren Sie bitte den örtlichen Tierschutzverein oder bringen den Hund selbst noch vor Ihrer Abreise in dessen Obhut. Bitte spenden Sie dem Verein auch ein wenig Geld für die Versorgung Ihres Schützlings.
Es ist immer eine gute Tat, Geld für die Kastration eines solchen Hundes – oder einer Katze – zu geben. Nur so wird die Ursache allen Tierelends an der Wurzel gepackt!

Unser Tip

Besorgen Sie sich bereits vor Ihrer Abreise die Adresse eines Tierschutzvereines an Ihrem Urlaubsort (z.B. beim Deutschen Tierschutzbund, Adresse siehe Anhang). So können Sie vor Ort schnell aktiv werden, wenn Sie auf ein Tier in Not stoßen.

Wichtig: Beschweren Sie sich niemals über streunende Hunde oder Katzen und deren schlechten Zustand, auch wenn dies aus Mitleid mit den Tieren geschieht. Sie könnten damit das Gegenteil von dem erreichen, was Sie wollen und – unabsichtlich – dafür verantwortlich sein, daß die Tiere entfernt und getötet werden.

Betonen Sie, wie sehr Sie Tiere mögen und wie positiv es für eine Hotelanlage ist, wenn sich dort Hunde und Katzen aufhalten, weil diese Mäuse und Kakerlaken in Schach halten. Erklären Sie auch, wie sehr es für die Besitzer und ihre Angestellten spricht, wenn sie die armen Tiere dulden oder gar füttern. Vor allem in der Türkei können solche Äußerungen auf ausgesprochen offene Ohren stoßen und den Tieren entsprechend nutzen! So habe ich selbst einmal erlebt, daß aufgrund meiner offensichtlichen Begeisterung für eine kleine Mischlingshündin, die neben einem Restaurant lebte, diese vom Kellner sogar die Küchenreste serviert bekam. Falls Sie Tiere füttern, achten Sie bitte darauf, daß Sie damit niemanden belästigen. Sie tun den Vierbeinern keinen Gefallen, wenn sich die Einheimischen über verschmutzte Plätze, verdorbene Futterreste, die zudem bei südlichen Temperaturen schnell unangenehm riechen, ärgern. Füttern Sie dezent und räumen etwaiges Geschirr zumindest an belebten Plätzen wieder weg. Um Raufereien zu vermeiden, sollten Sie natürlich Ihren eigenen Hund von den Streunern fernhalten, wenn diese ihre „Mahlzeit einnehmen". Füttern sie auch nicht am Restauranttisch. Das ermuntert die Tiere nur zu noch aufdringlicherem Betteln, was ihnen zum Verhängnis werden kann, wenn die nachfolgenden Gäste sich beschweren.

Wichtig: Oftmals haben die südländischen Streuner Wasser noch viel nötiger als Futter, vor allem dann, wenn sie gewürzte Reste aus der Hotelküche gegessen haben. Stellen Sie ihnen daher öfter einmal einen mit Wasser gefüllten Napf hin.

Ich habe auch schon erlebt, daß Kettenhunde kein Wasser haben, weil sie ihren Napf umgeworfen haben oder weil einfach niemand nachfüllt, selbst wenn die Menschen sich direkt daneben aufhalten. In solchen Fällen sollten Sie nicht zögern, einem durstigen Tier zu helfen. Entweder Sie stellen ihm selbst – demonstrativ – frisches Wasser hin oder, falls Sie sich einem unbekannten Kettenhund lieber nicht nähern möchten, machen Sie dessen Besitzer höflich auf sein „Versäumnis" aufmerksam.
In Südeuropa fliegen ja leider nahezu überall diese entsetzlichen Plastikflaschen herum. Ökologisch gesehen sind diese umweltfeindlichen Einwegflaschen eine Katastrophe, für durstige Hunde können sie allerdings

sehr praktisch sein: Wenn man das untere Viertel abschneidet, hat man einen wunderbaren Trinknapf, den man, ohne schlechtes Gewissen, gefüllt nahezu überall stehenlassen kann, weil die Flaschen ja auch sonst überall herumliegen und einfach in die Landschaft geworfen werden.

Verliebt in einen Streuner?

Wenn Ihnen – und vielleicht ja auch Ihrem Hund – während Ihres Aufenthaltes einer der zahlreichen vierbeinigen Vagabunden ganz besonders ans Herz gewachsen ist, dann überlegen Sie nun vielleicht, ihn mit nach Hause zu nehmen. Bevor Sie sich mit Ihrer „Urlaubsliebe“ allerdings auf die Heimreise machen, müssen die folgenden Kriterien erfüllt sein.

- Es muß **absolut** sicher sein, daß der Hund wirklich herrenlos ist und von niemandem vermißt werden wird. Erkundigen Sie sich ausführlich bei mehreren Einheimischen.
- Für die Einreise nach Deutschland muß das Tier ordnungsgemäß gegen Tollwut geimpft und die Impfung nach den gesetzlichen Bestimmungen 30 Tage alt sein. Bei Welpen, die noch zu jung zum Impfen sind, reicht ein Gesundheitszeugnis vom Tierarzt. Bei der Erledigung der Formalitäten werden Ihnen die Tierschützer am Urlaubsort bestimmt gerne helfen.

Dem Hund muß es in seiner neuen Heimat besser gehen als in der alten. Ein älterer Strandhund, der nichts zu befürchten hat und den ganzen Tag tun und lassen kann, was er will und der das jeweilige Klima gewöhnt ist, der wird vielleicht im kühlen Norden, überwiegend in vier Wänden und an der Leine nicht glücklich werden. Wägen Sie das bitte im Interesse des Tieres ab.

Können Sie die genannten Bedingungen erfüllen, so spricht in der Tat einiges dafür, einen herrenlosen Hund mit nach Hause zu nehmen. Auch wenn Sie Ihren Schützling nicht selbst behalten können, so retten Sie doch aller Wahrscheinlichkeit nach sein Leben. Denn wenn er nicht von den staatlichen Hundefängern bedroht ist, so wird er doch unter Hunger und Mißhandlungen leiden und früher oder später im wahrsten Sinne des Wortes „unter die Räder" kommen. Und die meisten Vierbeiner – es ist immer wieder erstaunlich – akklimatisieren sich problemlos und gewöhnen sich schnell an den Komfort eines überdachten und geheizten Heimes mit netten Besitzern.

Unser Tip

Eine Zusammenstellung verschiedener südeuropäischer Tierschutzorganisationen enthält die Broschüre „So geht's uns auch im Urlaub gut." Sie erhalten sie kostenlos beim Deutschen Tierschutzbund (Adresse im Anhang) und dessen Tierschutzvereinen und Tierheimen.

Ehemalige Streuner aus dem Süden eignen sich übrigens aufgrund ihrer Rudelerfahrung und ihres in der Regel ausgezeichneten Sozialverhaltens besonders gut als Zweithund …

Einreisebestimmungen

Wie bereits erwähnt, können die Einreisebestimmungen für Hunde in den verschiedenen Urlaubsländern recht unterschiedlich sein. Für viele Länder genügt der Impfausweis mit Eintragung der gültigen Tollwutschutzimpfung. Meistens muß die Impfung mindestens 30 Tage vor der Abreise erfolgt sein und darf nicht länger als ein Jahr zurückliegen. Darüber hinaus verlangen z.B. Lettland, Tschechien, die Slowakei und Tunesien eine Impfung gegen Staupe, Parvovirose, Leptospirose und Hepatitis cc. (= infektiöse Leberentzündung). Da jedoch jeder verantwortungsvolle Hundehalter sein Tier gegen diese fünf Infektionskrankheiten sowieso regelmäßig impfen läßt, dürfte das kein Problem sein. Einige Länder, wie z.B. Griechenland, Bulgarien oder die Türkei, verlangen einen internationalen Impfpaß, in dem die erforderlichen Impfungen eingetragen werden müssen. Ein aktuelles Gesundheitszeugnis wird ebenfalls von einigen Ländern gefordert. Es muß in den meisten Fällen von einem Amtstierarzt ausgestellt werden. Für Italien, Slowenien und Spanien reicht es, wenn das Zeugnis von einem anderen Tierarzt ausgestellt wurde. Ich habe jedoch noch nie erlebt, daß ein Zöllner dieses Dokument überhaupt sehen will. Aber da kann man sich natürlich nie ganz sicher sein.

Welche Vorschriften im einzelnen für die verschiedenen europäischen Länder gelten, können Sie aus der nachfolgenden vom ADAC zusammengestellten Tabelle ersehen.

Wichtig: Sie müssen nicht nur die Einreisebestimmungen des Ziellandes, sondern auch die Auflagen der Transitländer beachten.

Unser Tip

Erkundigen Sie sich sicherheitshalber vor Ihrer Reise nach dem letzten Stand der Einreisebestimmungen Ihres Ferienzieles. Auskunft erteilen die Botschaften und Fremdenverkehrszentralen sowie der ADAC.

EINREISE
BESTIMMUNGEN

Grenzpapiere für Hunde				
Stand März 1997	Tollwut-Impfzeugnis			Gesundheitszeugnis nicht älter als
	erforderlich	Impfung vor mindestens Tagen	Impfung vor höchstens Monaten	
Belgien	○	30	12	–
Bulgarien*	○	30	12	● 14 Tage*
Dänemark	○	30	12	–
Finnland	○	30	12	–
Frankreich[2)]	○	30	12	–
Griechenland*	○	15	12	● *
Großbritannien	4–6 Monate Quarantäne und Einfuhrgenehmigung			
Irland	4–6 Monate Quarantäne und Einfuhrgenehmigung			
Italien[4)]	○	20	11	○ 30 Tage
Kroatien*	○	15	6	–
Luxemburg	○	30	12	–
Niederlande	○	30	12	–
Norwegen	1)			1)
Österreich[4)]	○	30	12	–
Polen*	○	21	12	● 3 Tage*
Portugal	○	30	12	● 1–2 Tage
Rumänien	○	30	12	● 10 Tage
Rußland	–	–	–	● 10 Tage
Schweden	1)			1)
Schweiz	○	30	12	–
Slowak. Rep.*	○[3)]	30	12	6)
Slowenien	○	30	6	○ 10 Tage
Spanien	○	30	12	○ 14 Tage
Tschech. Rep.*	○[3)]	30	12	6)
Türkei*	○	14	6	● 2 Tage
Ungarn*	○	30	– [4)5)]	● 8 Tage

* = Eintragung im Internationalen Impfpaß: ○ = vom Tierarzt; ● = vom Amtstierarzt;
1) = Strenge Einreisebestimmungen; siehe S. 86 2) = Einreise von Tieren jünger als 3 Monate verboten;
3) = zusätzlich Impfung gegen verschiedene Erreger erforderlich; 4) = Maulkorb und Leine sind mitzuführen; 5) = Impfung gegen Staupe; 6) = bei Aufenthalt über 1 Monat Einfuhrbewilligung.

Sonderfall Schweden und Norwegen

Die gute Nachricht für alle Skandinavienfans: Seit 1. Mai 1994 verzichten Norwegen und Schweden auf die viermonatige Quarantäne für Hunde, an der früher kein Weg vorbeiführte, und die die Mitnahme eines Vierbeiners quasi ausschloß. Die schlechte Nachricht: Es ist nach wie vor extrem zeit- und kostenaufwendig, mit einem Hund in eines der beiden Länder zu reisen. Allerdings gilt eine für Schweden erteilte Einfuhrgenehmigung automatisch auch für den norwegischen Nachbarn und umgekehrt. Na, wenigstens etwas!

Wichtig: Die Einfuhrgenehmigung muß beantragt werden. Fordern Sie das Antragsformular frühzeitig an!

Sie erhalten das benötigte Formular bei der schwedischen Botschaft, einer der norwegischen Vertretungen oder direkt beim schwedischen Zentralamt für Landwirtschaft (Adresse s. Anhang). Welche Bedingungen erfüllt sein müssen, damit eine Einfuhrgenehmigung erteilt wird, zeigt die Tabelle auf der nächsten Seite.
Die Tollwutschutz-Impfung kann erst vier Monate nach ihrer Durchführung überprüft werden. Dazu entnimmt ein Tierarzt dem Hund eine Blutprobe. Die Analyse wird von einem Labor vorgenommen, das dem Antragsteller von den schwedischen oder norwegischen Behörden genannt wird. In Deutschland ist das die Bundesforschungsanstalt für Viruskrankheiten bei Tieren in Tübingen.
Wie Sie an diesem komplexen Verfahren bereits erkennen können, nimmt

Voraussetzungen für die Einreise nach Norwegen oder Schweden
◆ Impfung gegen Tollwut, Leptospirose und Staupe
◆ Blutprobe zur Wirksamkeitskontrolle der Tollwutschutz-Impfung
◆ Bandwurmkur (muß von einem Amtstierarzt durchgeführt werden)
◆ Amtstierärztliches Gesundheitszeugnis
◆ Identitätsmarkierung wie z.B. Tätowierung oder Mikrochip

die Erledigung der geforderten Formalitäten viel Zeit in Anspruch. Sie sollten daher am besten fünf bis sechs Monate vor dem geplanten Reiseantritt mit Ihren Vorbereitungen beginnen.

Die Kosten

Die Bearbeitungsgebühr für die Einfuhrgenehmigung beträgt mindestens 400 SEK (schwedische Kronen), also um die 100 DM. Hinzu kommen noch die Auslagen für Impfungen, Wurmkur, Gesundheitszeugnis und – vor allem – für die Blutproben-Analyse! Das schwedische Zentrallandwirtschaftsamt schätzt die Gesamtkosten auf um die 2000 SEK, was ca. 500 DM entspricht.

Anhang

Hilfreiche Adressen

Deutschland

Deutscher Tierschutzbund (DTschB)
Baumschulallee 15, 53115 Bonn
Tel.: 0228/60496–0
Fax: 0228/6049640
Urlauberberatungstelefon
(vom 1.6.–30.9.): 0228/60496–27

Bund gegen Mißbrauch der Tiere
Viktor-Scheffel-Str. 15
80803 München
Tel.: 089/3839520
Fax: 089/383952–23

Pro Hund – Dienstleistungsagentur für Hundehalter
Postfach 1212, 56156 Bendorf
Tel./Fax: 02622/2877

Caravan – Boot – Internat. Reisemarkt (C-B-R)
Messe München GmbH,
Messegelände
D – 81823 München
Tel.: 089/94901
Fax: 089/94909

Schweiz Tourismus
Kaiserstraße 23
60311 Frankfurt/M.
Tel.: 069/256001–0
Fax: 069/256001–10

Österreich
Zentralverband der Österreichischen Tierschutzvereine &
Wiener Tierschutzverein
Khleslplatz 6
1120 Wien
Tel.: 0043/1/8047774

Schweiz
STS-Schweizer Tierschutz
Zentralsekretariat
Birsfelderstraße 45
4052 Basel
Tel.: 0041/61/3112110

Bundesamt für Veterinärwesen
Schwarzenburgstraße 161
CH –Lieberfeld-Bern
Tel.: 0041/31/3238524

Dog Holiday AG
Dorfstraße 35, CH – 6340 Baar
Tel.: 0041/41–7677077
Fax: 0041/41–7677079

Sonstige
Schwedisches Zentrallandwirtschaftsamt
Jordbruks Verket,
S–551 82 Jönköping, Schweden
(Hierzu gehört auch die Einheit für Ansteckungsschutz, wo man weitere Auskünfte zur Einreise von Hunden erhält: Tel.: 0046–38/155000
Fax: 0046–38/190545)

Literatur

Broschüren und Kataloge

So geht's uns auch im Urlaub gut. Broschüre des Deutschen Tierschutzbundes (DTschB).

Urlaub mit Tieren. Ein Ratgeber und Service der Redaktion *„Ein Herz für Tiere"*
Nordendstraße 64, 80801 München

Der Hund im Urlaub. Deutscher Bauernverlag.
Reinhardtstraße 14, D – 10117 Berlin
Tel.: 030/46406-0
Fax: 030/46406-313

Urlaub mit dem Hund in Österreich (ein Sonderheft von „WUFF das österreichische Hundemagazin")
kann kostenlos bei der Österreich Werbung – Österreich Information unter folgenden 3 Adressen angefordert werden:

- Margaretenstraße 1, A – 1040 Wien
  Tel.: 0043/1/5872000/
  Fax: 0043/1/5886620
- Postfach, CH – 8036 Zürich
  Tel.: 0041/1/4511551/
  Fax: 0041/1/4511180
- Postfach 1231,
  D – 82019 Taufkirchen
  Tel.: 089/66670100/
  Fax: 089/66670200

Bücher

Ludwig, Claudia:
Ein neues Zuhause
für Streuner und Tierheimhund
Falken, Niedernhausen 1995

Ludwig, Claudia:
Ein junger Hund zieht ein
Falken, Niedernhausen 1996

Ludwig Claudia:
Tiere suchen ein Zuhause – Über Tiere, Tierschutz und Tierhaltung
Rau-Verlag, Düsseldorf 1996

Gunther Treß:
Reisen mit dem Hund
Stein-Verlag, Kiel 1994
(enthält u. a. sämtliche Adressen von Fremdenverkehrsbüros und Botschaften sowie das rund um den Hund wichtige Vokabular in den verschiedenen Sprachen)

Register

Halbfette Seitenzahlen verweisen auf eine ausführliche Erläuterung des Begriffs.

Im FALKEN Verlag sind zum Thema „Hunde" u. a. bereits erschienen:

„Agility und andere Hundesportarten" (Nr. 4873)
„Erfolgreiche Hundeerziehung" (Nr. 4808; auch als Video unter der Nr. 6198 erhältlich)
„Wenn Hunde reden könnten …" (Nr. 4952)
„Komm! Sitz! Platz!" (Nr. 1469)
„Richtige Hundeernährung" (Nr. 1868)
„Mischlingshunde" (Nr. 1511)

Für Dieter

Dieses Buch wurde auf chlorfrei gebleichtem
und säurefreiem Papier gedruckt.

ISBN 3 8068 1991 2

Umschlaggestaltung: Peter Udo Pinzer
Redaktion: Petra Volkmar
Titelbild u. Umschlagrückseite: Ulrike Schanz, Heimstetten
Zeichnungen: Peter Nieländer, Münster

Satz: DM-SERVICE Mahncke & Pollmeier OHG
Druck: Wiesbadener Graphische Betriebe GmbH, Wiesbaden

817 2635 4453 62

Mieze, Waldi, Hansi & Co.

Richtige Hundeernährung
Von Dr. med. vet. C. Thielen, Dr. med. vet. B. Dobenecker, 96 S., vierfarbig, kartoniert
ISBN: 3-8068-**1868**-X
DM 16,90

Wenn Hunde reden könnten…
Von L. Baumgart, 144 S., 113 Farbfotos, gebunden
ISBN: 3-8068-**4952**-8
DM 29,90

Rechtsratgeber für Hundehalter
Von A. Gängel, T. Gansel, 96 S., zweifarbig, kartoniert
ISBN: 3-8068-**1810**-X
DM 16,90

Katzenkrankheiten
Von Dr. med. vet. R. Spangenberg, 112 S., 63 Farbfotos, kartoniert
ISBN: 3-8068-**1733**-2
DM 16,90

Wellensittiche
Von H. Bielfeld, 160 S., 138 Farbfotos, gebunden
ISBN: 3-8068-**4840**-8
DM 39,90

Zahme Ratten
Von M. Mettler, 96 S., 85 Farbfotos, kartoniert
ISBN: 3-8068-**1679**-4
DM 16,90

FALKEN

Der Spezialist für nützliche Bücher

Stand der Preise 1.12.1997 · Änderungen und Irrtum vorbehalten